I0454321

SAL YA DE DE TU ZONA DE CONFORT

DESPERTANDO EL GIGANTE DORMIDO QUE YACE EN TU INTERIOR

El destino solo favorece a quienes están dispuestos a enfrentar los desafíos con valentía y determinación.

Sal ya de tu zona de confort.

Sal ya de tu zona de confort.

ÍNDICE

Sal ya de tu zona de confort.

Sal ya de tu zona de confort.

AGRADECIMIENTOS

Queridos lectores y amigos.

Hoy me encuentro lleno de gratitud y emoción al dirigirme a ustedes. Es difícil expresar con palabras la alegría que siento al ver mi obra, mi esfuerzo y mi pasión plasmados en estas páginas convertidas en un libro tangible. Es un logro que no habría sido posible sin su apoyo inquebrantable, su interés constante y su cariño incondicional.

Cada palabra escrita, cada personaje creado y cada historia tejida, ha sido un viaje en el que ustedes también han sido compañeros de ruta. Sus comentarios, sus críticas constructivas y su aliento han sido el viento bajo mis alas, impulsándome a superar obstáculos y a seguir adelante en este maravilloso camino de la escritura.

Agradezco profundamente a mi familia, que ha sido mi inspiración constante y mi refugio en los momentos de duda. También agradezco a mis amigos, cuyo apoyo me ha demostrado que las historias son puentes que conectan corazones. Y por supuesto, mi eterna gratitud a mis editores, agentes y a todo el equipo que ha trabajado incansablemente para que este libro vea la luz.

Este libro no es solo mi creación, sino un regalo que quiero compartir con cada uno de ustedes. Espero que encuentren en sus páginas un rincón de imaginación, emoción y reflexión. Que las palabras impresas les brinden momentos de evasión y también de introspección.

Sal ya de tu zona de confort.

Con gratitud en el corazón y la pluma lista para seguir creando, les dedico este logro. Sin ustedes, queridos lectores, nada de esto sería posible. Gracias por ser parte de mi viaje como escritor y por permitirme ser parte de sus vidas a través de mis historias.
Con cariño y agradecimiento,

INTRODUCCIÓN

En un mundo en constante evolución, la comodidad y la familiaridad son a menudo consideradas como refugios seguros para muchas personas. Sin embargo, el crecimiento personal, la innovación y la expansión de horizontes requieren aventurarse más allá de los límites conocidos, adentrándose en lo desconocido y desafiando las zonas de confort establecidas. En este contexto, explorar más allá de tu zona de confort se ha convertido en un mantra moderno para el desarrollo personal y profesional.

La zona de confort puede entenderse como ese espacio mental donde las rutinas, las acciones y las experiencias son predecibles y cómodas. Es el área donde te sientes seguro y confiado, pero también puede ser un terreno fértil para el estancamiento y la complacencia. A medida que el mundo cambia a un ritmo acelerado y las demandas de la vida cotidiana evolucionan, resistirse a salir de esta zona limita el crecimiento y la adaptación necesarios.

En contraste, aventurarse más allá de la zona de confort implica enfrentar desafíos, aprender nuevas habilidades y experimentar situaciones que pueden resultar incómodas inicialmente. Esta exploración constante puede abarcar una amplia gama de áreas: desde el aprendizaje de nuevas disciplinas, la adopción de tecnologías emergentes hasta la interacción con diferentes culturas y perspectivas. Al hacerlo, se abre la puerta a un proceso de autodescubrimiento,

Sal ya de tu zona de confort.

autoconfianza y automejora. El viaje fuera de la zona de confort no es un camino fácil. Implica enfrentar el miedo al fracaso, la incertidumbre y la posibilidad de sentirse vulnerable. Sin embargo, son precisamente estas experiencias las que pueden llevar a un crecimiento significativo. Al fracasar y levantarse, al enfrentar lo desconocido con una mentalidad abierta, se fomenta la resiliencia y la capacidad de adaptación. Además, cada vez que te aventuras más allá, construyes un repertorio de experiencias que enriquecen tu perspectiva y te hacen más capaz de enfrentar los desafíos futuros.

En los ámbitos profesionales, aquellos dispuestos a abandonar sus zonas de confort a menudo son líderes en la innovación. Emprendedores, científicos y creativos reconocen que la creatividad y la originalidad florecen cuando se exploran territorios inexplorados. La historia está llena de ejemplos de individuos que desafiaron las normas convencionales y se aventuraron en lo desconocido, transformando industrias y cambiando la forma en que percibimos el mundo.

En última instancia, el viaje más allá de la zona de confort es una invitación a vivir una vida plena y significativa. Aunque el impulso de aferrarse a lo conocido es natural, las recompensas de explorar nuevas oportunidades, aprender de las adversidades y descubrir capacidades ocultas son invaluables. El viaje puede ser desafiante, pero es en ese desafío donde se encuentra la esencia misma del crecimiento humano y la evolución continua.

Sal ya de tu zona de confort.

En medio de las turbulencias de la vida, en los momentos en que las tormentas amenazan con arrasarlo todo, surge un concepto fundamental que ha sido capaz de sostener a individuos, comunidades e incluso naciones a lo largo de la historia. Este libro Más allá de tu zona de confort es un viaje profundo y revelador a través de los aspectos esenciales que conforman la capacidad humana de sobrellevar adversidades, adaptarse al cambio y encontrar significado en los desafíos

La búsqueda de la grandeza ha sido una constante a lo largo de la historia de la humanidad, un anhelo que ha impulsado a individuos y sociedades a superar sus límites, alcanzar nuevas alturas y dejar una marca duradera en el mundo. La grandeza es un concepto que trasciende fronteras culturales y temporales, y se manifiesta en diversas formas, desde logros individuales hasta avances científicos, artísticos y sociales que cambian la trayectoria de la humanidad. La búsqueda de la grandeza se origina en una profunda aspiración por trascender lo ordinario, por superar las limitaciones autoimpuestas y por elevarse por encima de las expectativas convencionales. Puede surgir de una chispa interna de pasión, de un deseo ardiente de marcar la diferencia o de una voluntad inquebrantable de convertir sueños en realidades tangibles. Esta búsqueda está tejida en la naturaleza misma de la ambición humana, impulsándonos a explorar, a descubrir y a innovar.

La grandeza se forja a través del esfuerzo constante y la dedicación incansable. Aquellos que buscan la

Sal ya de tu zona de confort.

grandeza se desafían a sí mismos y se comprometen con la automejora continua. Saben que el camino hacia la grandeza no es fácil ni cómodo; implica enfrentar obstáculos, superar fracasos y persistir incluso cuando parece que todo está en su contra. La grandeza no es el resultado de la casualidad, sino de la determinación y la resiliencia.

En la búsqueda de la grandeza, el aprendizaje es una piedra angular. Las mentes inquisitivas están dispuestas a explorar territorios desconocidos, a absorber conocimientos y a aplicar nuevas perspectivas a los desafíos que enfrentan. Cada paso hacia adelante, cada logro alcanzado y cada fracaso superado son oportunidades para adquirir sabiduría y crecer.

No obstante, la búsqueda de la grandeza no debe confundirse con el deseo de la fama o el reconocimiento superficial. Si bien puede conllevar reconocimiento público, la grandeza va más allá de la aprobación externa. Es un viaje interior hacia la autorrealización y la satisfacción personal. Aquellos que han alcanzado la grandeza a menudo señalan que su motivación proviene de un profundo sentido de propósito y pasión, más que de la búsqueda de la atención de los demás.

Es importante destacar que la grandeza puede adoptar muchas formas. Puede manifestarse en la excelencia en una disciplina específica, en el liderazgo transformador, en la creación de arte conmovedor o en la contribución significativa a la sociedad. La grandeza es subjetiva y personal; no existe una única definición que abarque todos sus matices.

Sal ya de tu zona de confort.

En última instancia, la búsqueda de la grandeza es un viaje individual y colectivo que refleja el deseo humano innato de trascender los límites y dejar una huella duradera en el mundo. A medida que avanzamos en esta búsqueda, recordamos que la grandeza no es el destino final, sino un viaje continuo de autodescubrimiento, aprendizaje y crecimiento. Nos desafía a elevarnos por encima de las circunstancias y a dar lo mejor de nosotros mismos en cada paso del camino.

La Autoestima y la Autoeficacia. La resiliencia comienza con una base sólida de autoestima y confianza en uno mismo. Cuando creemos en nuestras propias habilidades para afrontar situaciones difíciles y crecer a partir de ellas, estamos estableciendo una base sólida para la resiliencia. La autoeficacia, la creencia en nuestra capacidad para lograr objetivos y superar desafíos, se convierte en un recurso invaluable en momentos de crisis.

El Significado Personal. En el núcleo de la resiliencia yace la capacidad de encontrar significado en las experiencias difíciles. La capacidad de darle sentido a lo que nos sucede puede transformar una crisis en una oportunidad de crecimiento personal y espiritual. Al encontrar un propósito en medio de la adversidad, fortalecemos nuestra resiliencia emocional y psicológica.

A medida que profundizamos en estos aspectos, descubrimos que la resiliencia es una obra de arte tejida con hilos intrincados de cualidades emocionales y psicológicas. Es un reflejo de nuestra humanidad en

Sal ya de tu zona de confort.

su forma más hermosa y resistente. En las páginas que siguen, exploraremos cómo estas raíces de la resiliencia pueden ser cultivadas, nutridas y fortalecidas, permitiéndonos enfrentar los desafíos de la vida con coraje y esperanza.

La Fuerza de la Adaptación", exploramos el poder y la importancia de ser capaces de ajustarnos a los cambios y desafíos que la vida nos presenta. La adaptación es una cualidad esencial de la resiliencia, ya que nos permite mantenernos flexibles y abiertos ante las circunstancias cambiantes. Así como las plantas se inclinan hacia la luz para sobrevivir, nosotros también podemos encontrar formas de prosperar en entornos en constante evolución. En este capítulo, exploramos cómo la adaptación se manifiesta en varias dimensiones de la vida:

Cambio Constante. La única constante en la vida es el cambio. A través de ejemplos históricos y contemporáneos, exploraremos cómo las personas y las sociedades se han adaptado a cambios profundos en la tecnología, la economía, la cultura y más. Flexibilidad en la Carrera Profesional. En un mundo laboral en constante cambio, la adaptación es crucial para el éxito profesional a largo plazo. Analizaremos cómo las personas desarrollan habilidades transferibles, buscan oportunidades emergentes y se mantienen abiertas a reinvenciones profesionales. Transformaciones Personales: Las experiencias de vida, como las pérdidas, las transiciones y las crisis, pueden impulsarnos a transformarnos a nivel personal. Exploraremos cómo las personas aprovechan estas

Sal ya de tu zona de confort.

oportunidades para redescubrir sus valores, aspiraciones y fortalezas internas.

Cultura de la Innovación: La adaptación va de la mano con la innovación. Descubriremos cómo los individuos y las organizaciones fomentan una mentalidad innovadora, experimentando con nuevas ideas y enfoques para mantenerse relevantes en un mundo en constante cambio.

Autoexploración y Aprendizaje Continuo: La adaptación comienza con el autoconocimiento y el deseo de aprender. Aprenderemos cómo las personas se embarcan en viajes de autoexploración y se comprometen con el aprendizaje continuo para estar mejor preparados para enfrentar lo desconocido. medida que exploramos estas dimensiones de la adaptación, descubrimos que la resiliencia no es solo sobre sobrevivir a los cambios, sino sobre prosperar en medio de ellos. La adaptación nos desafía a ser flexibles, curiosos y valientes en la búsqueda de nuevos caminos y oportunidades. En un mundo en constante transformación, la capacidad de adaptación se convierte en una habilidad esencial que nos permite seguir avanzando con confianza y optimismo, independientemente de las circunstancias cambiantes que nos rodean.

Hallando Significado en la Adversidad. nos adentramos en la dimensión espiritual y existencial de la resiliencia. Este capítulo nos invita a explorar cómo las personas encuentran significado y propósito en medio de las experiencias difíciles y desafiantes de la vida. La adversidad puede arrojarnos a terrenos desconocidos,

Sal ya de tu zona de confort.

pero también puede ser una oportunidad para descubrir una profundidad de significado que de otro modo no habríamos experimentado. A medida que examinamos esta faceta crucial de la resiliencia, exploramos varios aspectos:

Búsqueda de Significado. Enfrentar la adversidad a menudo nos lleva a cuestionarnos el propósito y el significado de lo que estamos viviendo. A través de historias personales y reflexiones filosóficas, exploraremos cómo las personas emprenden una búsqueda interior para encontrar un propósito más profundo en sus desafíos.

Transformación Espiritual. La adversidad puede ser un catalizador para la transformación espiritual. Descubriremos cómo las crisis y las pérdidas a menudo llevan a las personas a cuestionar sus creencias y a explorar nuevas perspectivas, lo que puede conducir a un crecimiento espiritual profundo.

Trascendencia de la Dolor. La capacidad de trascender el dolor y encontrar belleza y significado en medio de la adversidad es una expresión poderosa de la resiliencia. Aprenderemos cómo las personas utilizan la creatividad, el arte y la expresión personal para dar sentido a sus experiencias dolorosas.

Sal ya de tu zona de confort.

CAPITULO 1

DESCUBRIENDO LA FUERZA INTERIOR

La belleza de la vida reside en los pequeños momentos que a menudo pasamos por alto."

Sal ya de tu zona de confort.

Es un proceso personal y profundo que implica autoexploración, crecimiento personal y autodescubrimiento. Aquí hay algunos pasos que podrían ayudarte en este viaje:

Autoconciencia. Tómate el tiempo para reflexionar sobre quién eres, cuáles son tus valores, creencias y deseos. Pregúntate a ti mismo qué te apasiona, qué te motiva y qué te hace sentir vivo. Es la capacidad de reconocer y comprender tus propias emociones, pensamientos, motivaciones, fortalezas, debilidades y patrones de comportamiento. Es un proceso introspectivo que implica mirar hacia adentro y tomar conciencia de quién eres en un nivel más profundo. La autoconciencia va más allá del simple reconocimiento superficial y busca una comprensión más completa de tu identidad y tus características personales.

Hay varios aspectos de la autoconciencia:

Emocional: Implica estar conectado con tus propias emociones y ser capaz de identificarlas y expresarlas adecuadamente. Esto también incluye reconocer cómo las emociones afectan tus acciones y decisiones.

Cognitiva: Se refiere a comprender tus patrones de pensamiento, creencias y actitudes. Esto te permite cuestionar y evaluar tus propias ideas y perspectivas.

Social: Implica entender cómo te perciben los demás y cómo interactúas en diferentes situaciones sociales. Esto también incluye ser consciente de cómo tus acciones pueden afectar a los demás.

Personalidad: Comprender tus rasgos de personalidad, preferencias y tendencias de comportamiento te ayuda a saber cómo reaccionarás en diversas circunstancias.

Sal ya de tu zona de confort.

Meta cognitiva. Es la capacidad de reflexionar sobre tus propios procesos de pensamiento y aprender a aprender. Te permite evaluar tus propias habilidades y estrategias de aprendizaje.

La autoconciencia es esencial para el desarrollo personal y profesional por varias razones:

Mejora de relaciones: Al entender tus emociones y cómo te relacionas con los demás, puedes mejorar tus habilidades de comunicación y empatía.

Toma de decisiones informadas: La autoconciencia te permite tomar decisiones alineadas con tus valores y objetivos personales en lugar de ser influenciado por impulsos momentáneos.

Gestión del estrés: Al comprender tus reacciones emocionales y saber cómo enfrentarlas, puedes manejar el estrés de manera más efectiva.

Desarrollo de habilidades. Identificar tus fortalezas y debilidades te permite enfocarte en el desarrollo de habilidades relevantes para tu crecimiento. El desarrollo de habilidades es un viaje constante e inspirador que cada individuo emprende a lo largo de su vida. En un mundo en constante evolución, donde las demandas y oportunidades cambian constantemente, la adquisición y el perfeccionamiento de habilidades se han convertido en un componente esencial para el éxito personal y profesional.

Las habilidades, ya sean técnicas, cognitivas, emocionales o sociales, son herramientas que nos permiten enfrentar una amplia gama de desafíos y oportunidades en nuestro entorno. Desde habilidades prácticas como la programación, la escritura y la

Sal ya de tu zona de confort.

cocina, hasta habilidades interpersonales como la comunicación efectiva, el trabajo en equipo y la empatía, cada conjunto de habilidades agrega un nuevo nivel de competencia y adaptabilidad a nuestras vidas.

El desarrollo de habilidades no solo amplía nuestro repertorio de competencias, sino que también fomenta el crecimiento personal y la autoconfianza. A medida que nos sumergimos en el aprendizaje y la mejora constante, nos encontramos enfrentando nuevas experiencias y superando obstáculos que enriquecen nuestra perspectiva y nos hacen más resilientes ante los desafíos futuros. Cada pequeño logro refuerza nuestra creencia en nuestras propias capacidades y nos impulsa a explorar aún más allá de nuestras zonas de confort.

Este proceso de desarrollo de habilidades es dinámico y adaptable, adaptándose a las necesidades cambiantes y a los objetivos personales. A medida que avanzamos en nuestras carreras, intereses y circunstancias, podemos encontrar que ciertas habilidades se vuelven más relevantes y otras pueden volverse obsoletas. La disposición para abrazar el aprendizaje continuo y ajustar nuestras habilidades según sea necesario es fundamental para mantenernos relevantes en un mundo en constante cambio.

La habilidad no se trata solo de adquirir conocimientos teóricos, sino también de aplicar esos conocimientos en contextos prácticos y reales. La experiencia y la práctica desempeñan un papel crucial en la maestría de cualquier habilidad. A menudo, el camino hacia la

Sal ya de tu zona de confort.

competencia implica cometer errores, aprender de ellos y refinarse a lo largo del tiempo. Estos desafíos y momentos de crecimiento son parte integral del proceso y contribuyen a la construcción de un fundamento sólido en cada habilidad.

En la era digital y tecnológica en la que vivimos, el acceso a recursos de aprendizaje y desarrollo de habilidades es más amplio que nunca. Las plataformas en línea, los cursos virtuales y las comunidades de aprendizaje ofrecen oportunidades sin precedentes para explorar nuevas disciplinas y mejorar las habilidades existentes. Este nivel de accesibilidad empodera a las personas para que asuman la responsabilidad de su propio crecimiento y desarrollo. El desarrollo de habilidades es un viaje de por vida que nos desafía a crecer, adaptarnos y prosperar en un mundo en constante cambio. A medida que adquirimos nuevas competencias, construimos nuestra autoestima, nuestra confianza y nuestra capacidad para enfrentar desafíos con determinación. Cada habilidad que dominamos y cada nuevo conocimiento que adquirimos nos acercan a la versión más plena y competente de nosotros mismos, lo que nos permite no solo enfrentar el futuro, sino también dar forma a él de manera activa.

Crecimiento personal. A medida que te conoces mejor, puedes trabajar en áreas que necesitan mejora y fomentar un crecimiento constante. El crecimiento personal es un viaje íntimo y transformador que nos lleva a descubrir, desarrollar y aprovechar nuestro

Sal ya de tu zona de confort.

potencial más profundo. Es un proceso continuo de autodescubrimiento, autoconciencia y auto mejora que nos invita a explorar las dimensiones más intrincadas de nuestra mente, emociones y espíritu. A medida que avanzamos en este camino, nos damos cuenta de que el verdadero crecimiento no se limita a logros exteriores, sino que también abarca la evolución interna que moldea nuestra perspectiva y enriquece nuestras vidas.

El crecimiento personal se basa en la voluntad de salir de nuestra zona de confort y abrazar lo desconocido. Implica enfrentar nuestros miedos y limitaciones para trascenderlos y florecer en terrenos no explorados. A lo largo de este proceso, es natural encontrar desafíos y obstáculos, pero son precisamente estos desafíos los que nos brindan las oportunidades más valiosas para aprender y crecer. Cada dificultad superada y cada lección aprendida se convierten en ladrillos que construyen la estructura de nuestro crecimiento personal.

La autoconciencia es una columna vertebral del crecimiento personal. Significa mirar hacia adentro con sinceridad y aceptación, reconociendo tanto nuestras fortalezas como nuestras áreas de mejora. Esta autoevaluación honesta nos permite identificar patrones de pensamiento y comportamiento que pueden estar limitando nuestro potencial y nos brinda la oportunidad de modificarlos. Al conocer nuestras propias motivaciones, valores y aspiraciones, podemos alinear nuestras acciones con nuestra auténtica esencia y objetivos.

Sal ya de tu zona de confort.

El crecimiento personal también está entrelazado con el aprendizaje constante. Ya sea a través de la lectura, la educación formal, la experiencia directa o la interacción con mentores, cada oportunidad de aprendizaje nos enriquece y nos abre nuevas perspectivas. La búsqueda de conocimiento nos permite desafiar suposiciones, cuestionar paradigmas y expandir nuestros horizontes mentales. A medida que absorbemos nuevas ideas y conceptos, nuestra mente se vuelve más flexible y adaptable, lo que nos permite abordar desafíos de manera más creativa. La autodisciplina y la determinación son cualidades esenciales en el viaje del crecimiento personal. El camino puede ser desafiante y a menudo requiere un esfuerzo consciente y constante. La voluntad de perseverar a pesar de las dificultades y la resistencia a rendirse son lo que nos lleva a alcanzar niveles más profundos de conocimiento y maestría. Esta dedicación inquebrantable nos ayuda a desarrollar la paciencia y la resiliencia necesarias para superar los obstáculos en el camino hacia nuestros objetivos.

En última instancia, el crecimiento personal es un viaje que nos lleva a una vida más significativa y plena. A medida que evolucionamos, descubrimos una mayor sensación de propósito y conexión con nosotros mismos y con el mundo que nos rodea. Al desplegar nuestras capacidades y abrazar nuestro potencial, nos convertimos en agentes de cambio en nuestras propias vidas y en la sociedad en general. Este viaje transformador no tiene un destino final, ya que siempre hay espacio para crecer, aprender y mejorar. En cada paso que damos hacia adelante, estamos construyendo una versión más auténtica y empoderada de nosotros mismos.

Autocuidado: En medio del ajetreo constante de la vida moderna, donde las responsabilidades laborales, familiares y sociales se entrelazan en una danza vertiginosa, el concepto de autocuidado emerge como un faro de calma y equilibrio. Se erige como un recordatorio esencial de que, para cuidar y nutrir a los demás, primero debemos nutrirnos a nosotros mismos. El autocuidado no es un acto egoísta ni frívolo, sino una inversión consciente en nuestra salud física, mental y emocional. Es un compromiso con nosotros mismos, una promesa de bienestar y una declaración de amor propio.

El autocuidado se extiende mucho más allá de la simple indulgencia ocasional en placeres superficiales. Implica adoptar una mentalidad de atención constante hacia nuestras necesidades, desde las más básicas hasta las más profundas. En su núcleo, el autocuidado es el acto de brindarnos a nosotros mismos la misma dedicación y preocupación que brindaríamos a un ser querido. Al hacerlo, estamos reconociendo nuestra propia valía y estableciendo límites saludables en un mundo que a menudo nos presiona a sacrificar nuestro bienestar en aras de la productividad y la complacencia de los demás.

El autocuidado abarca múltiples dimensiones de nuestra existencia. En el ámbito físico, implica cuidar nuestra salud mediante una dieta equilibrada, ejercicio regular y descanso adecuado. Significa escuchar las señales que nuestro cuerpo nos envía y responder a ellas de manera compasiva. También conlleva la importancia de realizar chequeos médicos regulares y tratamientos preventivos, asegurando que nuestro cuerpo funcione en su mejor estado.

En lo que respecta a nuestra salud mental y emocional, el autocuidado se convierte en una herramienta invaluable para enfrentar el estrés, la ansiedad y las tensiones de la vida cotidiana. Practicar la autocompasión nos permite aceptar nuestras debilidades y errores sin juzgarnos de manera negativa. Cultivar la resiliencia emocional implica desarrollar habilidades para adaptarnos a las adversidades con fortaleza y flexibilidad.

El autocuidado también se refleja en la calidad de nuestras relaciones interpersonales. Al establecer límites claros y comunicar nuestras necesidades, fomentamos relaciones más saludables y auténticas. Asimismo, reservar tiempo para el descanso y la recreación no solo beneficia nuestra propia salud, sino que también nos permite estar más presentes y disponibles para los demás.

En un mundo digital y altamente conectado, el autocuidado también involucra desconectar periódicamente. Practicar la desconexión digital nos permite reconectar con el mundo que nos rodea, con la naturaleza y con nosotros mismos. Al liberarnos de la constante estimulación digital, encontramos espacio para la reflexión y la tranquilidad, nutriendo así nuestra mente y nuestro espíritu.

En última instancia, el autocuidado es un recordatorio de que merecemos ser tratados con amabilidad y respeto, tanto por los demás como por nosotros mismos. Es un viaje continuo hacia un bienestar

Sal ya de tu zona de confort.

integral, un proceso de autoexploración y autodescubrimiento que nos lleva a un lugar de equilibrio y autenticidad. A través del autocuidado, nos concedemos el permiso de ser humanos, con todas nuestras virtudes y vulnerabilidades. Es una invitación a abrazar nuestra propia humanidad y a vivir una vida plena y significativa.

Explorando las Profundidades del Cuidado Emocional En el laberinto de la experiencia humana, las emociones son los hilos que nos tejen y nos conectan con nuestro ser interior y el mundo que nos rodea. Estos estados internos, a menudo efímeros y cambiantes, son la esencia misma de lo que somos. En este contexto, el cuidado emocional emerge como una práctica fundamental para navegar por los mares turbulentos de nuestras emociones y encontrar un puerto seguro en medio de las tormentas y las calmas. El cuidado emocional es mucho más que simplemente reconocer y expresar nuestras emociones. Es un compromiso profundo de honrar y validar lo que sentimos, sin juzgarnos ni menospreciarnos por ello. A través del cuidado emocional, nos otorgamos la libertad de sentir de manera auténtica y sin restricciones. Nos concedemos el espacio para experimentar la tristeza, la alegría, el enojo, el miedo y todo el espectro de emociones humanas sin reservas. En este viaje de cuidado emocional, es vital cultivar la autoconciencia. Observar nuestras emociones con una mirada compasiva nos permite entender mejor sus raíces y cómo influyen en nuestras acciones y decisiones. Esta autoconciencia no solo nos conecta con nosotros mismos a un nivel más profundo, sino que también nos

Sal ya de tu zona de confort.

brinda la capacidad de comunicar nuestras necesidades emocionales de manera más efectiva con aquellos que nos rodean.

La práctica del autocuidado emocional no se limita a las emociones positivas; también implica abordar aquellas emociones que consideramos difíciles o incómodas. Enfrentar el dolor emocional y la tristeza requiere valentía y compasión hacia nosotros mismos. Al hacerlo, permitimos que estas emociones fluyan y se liberen, en lugar de reprimirlas y generar un peso emocional a largo plazo.

El cuidado emocional también está intrincadamente ligado a establecer límites saludables en nuestras relaciones. Al comunicar de manera clara nuestras necesidades emocionales y respetar las de los demás, creamos espacios de conexión genuina y mutuo apoyo. La habilidad de poner límites protege nuestra propia energía emocional y evita la agotadora dinámica de dar más de lo que podemos permitirnos perder. Una herramienta esencial en el cuidado emocional es la práctica de la autocompasión. En lugar de criticarnos duramente cuando enfrentamos desafíos emocionales, nos tratamos a nosotros mismos con la misma amabilidad y apoyo que ofreceríamos a un amigo querido. Al cultivar la autocompasión, creamos un refugio interno donde podemos sanar y crecer en medio de las adversidades.

En el corazón del cuidado emocional yace la importancia de nutrir nuestra vida interior. A través de la meditación, el mindfulness, la expresión creativa y la conexión con la naturaleza, encontramos formas de

Sal ya de tu zona de confort.

nutrir nuestro espíritu y proporcionarnos momentos de paz y reflexión en un mundo cada vez más frenético.

En suma, el cuidado emocional es un viaje de autodescubrimiento y autoaceptación. Es un compromiso con nuestra propia humanidad y la de los demás. Nos invita a mirar hacia adentro con curiosidad y apertura, y a abrazar plenamente la rica paleta de emociones que nos define como seres humanos. A través del cuidado emocional, construimos un puente hacia el autoconocimiento, la resiliencia y la profunda conexión con el tejido mismo de la vida.

Practicar la autoaceptación y la autocompasión te ayuda a manejar el estrés. La ansiedad y otras emociones difíciles. También puede incluir actividades que te hagan sentir feliz y relajado, como dedicar tiempo a tus pasatiempos favoritos.

En los recovecos de la mente humana yace un vasto y complejo paisaje de pensamientos, emociones y percepciones. La mente es un universo en sí misma, un espacio en constante movimiento donde se forman las ideas, se procesan las experiencias y se moldean las respuestas a nuestro entorno. En este vasto territorio interior, el cuidado mental se alza como una luz guía, un faro que ilumina el camino hacia la claridad, la estabilidad emocional y la salud psicológica.

El cuidado mental no es simplemente la ausencia de trastornos mentales, sino una práctica proactiva que busca nutrir y fortalecer la mente en todos sus aspectos. Es el acto consciente de cultivar una relación saludable con nuestros pensamientos y emociones, al igual que se cultiva un jardín delicado. Requiere atención constante y un compromiso firme para descubrir y abrazar las herramientas que nos permiten navegar por los desafíos mentales de la vida.

En el corazón del cuidado mental se encuentra la autoconciencia. Reconocer nuestros patrones de pensamiento, emociones y reacciones nos brinda una perspectiva más amplia sobre nuestra propia mente. La autoconciencia nos permite discernir entre pensamientos destructivos y constructivos, entre emociones que nos impulsan hacia adelante y aquellas que nos atrapan en ciclos negativos. Al comprender nuestra mente, podemos tomar decisiones informadas para nuestro bienestar mental.

Cuidar tu mente implica estimularla a través de actividades intelectuales y creativas. Leer, aprender nuevas habilidades, resolver rompecabezas o simplemente tomar tiempo para la reflexión y la meditación son ejemplos de cuidado mental.

Cuidado social: Mantener conexiones sociales saludables también es parte del autocuidado. Pasar tiempo con amigos y seres queridos, cultivar relaciones significativas y buscar apoyo en tiempos de necesidad pueden tener un impacto positivo en tu bienestar emocional.

Cuidado espiritual: Esto no necesariamente se refiere a la religión, sino a conectarte con tus valores personales y encontrar significado en tu vida. La práctica de la meditación, la reflexión y la conexión con la naturaleza son formas de cuidado espiritual.

Sal ya de tu zona de confort.

Establecer límites: Decir no cuando es necesario y establecer límites saludables en tus relaciones y compromisos es una parte importante del autocuidado. Esto te ayuda a evitar el agotamiento y a proteger tu tiempo y energía.

Autoreflección. Tomarte el tiempo para reflexionar sobre tus necesidades, metas y satisfacción general en la vida te permite ajustar tus acciones y decisiones de manera que estén alineadas con lo que es importante para ti.

Recuerda que el autocuidado no es egoísta, sino esencial para estar en condiciones de cuidar de los demás y llevar una vida equilibrada y satisfactoria. No hay una única fórmula para el autocuidado, ya que varía según las preferencias y necesidades individuales. Es importante encontrar las prácticas y actividades que te funcionen mejor y hacer del autocuidado una prioridad en tu vida diaria.

Afronta desafíos: Es una parte natural de la vida, y cómo los afrontamos puede marcar la diferencia en nuestro crecimiento personal y en la superación de obstáculos. Aquí hay algunas estrategias para enfrentar desafíos de manera efectiva:

Mantén una mentalidad positiva: Enfrenta los desafíos con una actitud positiva y optimista. Ve los desafíos como oportunidades para crecer y aprender en lugar de verlos como obstáculos insuperables.

Sal ya de tu zona de confort.

Divide el desafío en pasos más pequeños.

Los desafíos pueden parecer abrumadores cuando se ven en su totalidad. Divide el desafío en pasos más pequeños y manejables. Esto te permitirá abordar cada paso uno a la vez y medir tu progreso.

Desarrolla un plan: Crea un plan detallado para abordar el desafío. Identifica los recursos que necesitarás, las acciones específicas que debes tomar y establece plazos realistas.

Busca apoyo: No tengas miedo de pedir ayuda o consejo a amigos, familiares, mentores o profesionales. El apoyo emocional y práctico puede marcar una gran diferencia en cómo te sientes al enfrentar desafíos.

Mantén la flexibilidad: A veces, las cosas no salen según lo planeado. Mantén la mente abierta y la capacidad de adaptarte si es necesario. La flexibilidad te ayudará a lidiar con los cambios inesperados.

Aprende de los fracasos: No temas cometer errores o enfrentar fracasos. Estos son oportunidades valiosas para aprender y mejorar. Analiza lo que salió mal, identifica lecciones y ajusta tu enfoque en consecuencia.

Mantén el enfoque en soluciones: En lugar de centrarte en los problemas, busca soluciones. Enfócate en lo que puedes hacer para avanzar en lugar de quedarte atrapado en la negatividad.

Practica la autocompasión: Trátate a ti mismo con amabilidad y comprensión durante los momentos difíciles. La autocompasión te ayudará a mantenerte resiliente y a mantener una actitud positiva.

Sal ya de tu zona de confort.

Celebra los logros pequeños: A medida que avanzas hacia la resolución del desafío, celebra los logros pequeños a lo largo del camino. Reconocer tu progreso te motiva a seguir adelante.

Mantén la persistencia

La persistencia, un atributo fundamental que ha marcado el camino hacia el éxito a lo largo de la historia de la humanidad, se erige como una cualidad inquebrantable capaz de superar los obstáculos más desafiantes y abrir puertas a oportunidades inimaginables. Es un rasgo intrínseco que trasciende las circunstancias adversas y que, cuando se cultiva con determinación, puede llevar a logros asombrosos. Mantener la persistencia implica un compromiso incansable con los objetivos trazados, incluso cuando el camino se torna abrupto y lleno de incertidumbre. En estos momentos de dificultad es cuando la verdadera fuerza de la persistencia emerge, actuando como un faro que guía a través de la oscuridad. Es el impulso interno que insiste en avanzar, aun cuando los resultados parecen lejanos o inalcanzables. La persistencia no se nutre únicamente de la voluntad, sino que se fortalece con la capacidad de adaptación. A medida que se enfrentan desafíos y contratiempos, surge la necesidad de ajustar estrategias y enfoques. Aquellos que mantienen su persistencia aprenden a ser flexibles, a replantearse las circunstancias y a encontrar nuevas vías para alcanzar sus metas. Esta versatilidad es lo que convierte a la persistencia en una cualidad dinámica y poderosa.

Sal ya de tu zona de confort.

Un componente esencial de la persistencia es la paciencia. Los logros significativos rara vez se producen de manera instantánea. Requieren tiempo, esfuerzo y dedicación continua. Es fácil desanimarse cuando los resultados no son inmediatos, pero quienes persisten entienden que cada paso dado, por pequeño que sea, se suma al progreso general. La paciencia no solo permite sobrellevar las demoras, sino que también promueve un sentido de aprecio por el proceso mismo. La historia está repleta de ejemplos inspiradores de individuos que han alcanzado el éxito gracias a su persistencia inquebrantable. Thomas Edison, el inventor de la bombilla eléctrica, realizó miles de experimentos antes de lograr su objetivo. Su famosa frase "No he fracasado, simplemente he encontrado 10,000 formas que no funcionan" ejemplifica la actitud de un persistente incansable. Otro ejemplo es el de Rosa Parks, cuyo acto de negarse a ceder su asiento en un autobús marcó el inicio de un movimiento histórico por los derechos civiles en Estados Unidos. La persistencia no es exclusiva de individuos destacados; es una cualidad que todos tenemos la capacidad de desarrollar. Comienza por establecer metas claras y alcanzables, trazando un plan de acción y comprometiéndote a seguir adelante, sin importar los obstáculos que puedan surgir en el camino. Reconoce que cada paso, cada desafío superado, te acerca un poco más a tu objetivo final.
En última instancia, mantener la persistencia es un recordatorio de que los límites a menudo son autoimpuestos. Cuando nos comprometemos a superar nuestras propias dudas y a persistir a pesar de

Sal ya de tu zona de confort.

las dificultades, abrimos la puerta a un mundo de posibilidades y realización personal. La persistencia es el motor que impulsa el avance, la herramienta que transforma sueños en realidades y que deja una huella indeleble en el tejido mismo de la historia humana. Los desafíos pueden ser difíciles, pero la perseverancia es clave. No te rindas ante el primer obstáculo. Mantén tu determinación y sigue trabajando en superar el desafío. Recuerda que enfrentar desafíos es una oportunidad para crecer, aprender y fortalecerte. Cada desafío superado te prepara para futuros desafíos y te ayuda a desarrollar una mayor confianza en tus habilidades para manejar situaciones difíciles.

Enfrentar desafíos y superar obstáculos te permitirá descubrir tu capacidad de resiliencia y determinación. En lugar de evitar las dificultades, considéralas como oportunidades para crecer y aprender.

Define metas claras

Definir metas claras es como trazar el mapa de un viaje que nos guiará hacia el futuro que anhelamos. En el tejido de la vida, las metas son los hilos que tejemos con intención y propósito, creando un tapiz de logros y realizaciones que dan forma a nuestra identidad y dirección. La habilidad de establecer metas claras y significativas es una destreza que trasciende el mero deseo, exigiendo introspección, enfoque y un compromiso constante con el crecimiento personal. Las metas claras son más que simples deseos; son destinos que trazamos en el horizonte de nuestras vidas. Al definirlas, nos embarcamos en un proceso de autodescubrimiento, explorando nuestras pasiones, valores y aspiraciones más profundas. Este viaje hacia la claridad requiere tiempo y paciencia, ya que implica desentrañar las capas de influencias externas y conectarse con nuestra voz interior. Las metas auténticas se originan en nuestro núcleo, reflejando quienes somos en esencia y lo que deseamos lograr en este mundo.

La claridad en las metas es como la brújula que nos orienta en medio de la incertidumbre. Cuando sabemos a dónde queremos llegar, cada elección y acción adquieren un significado mayor. Nos volvemos selectivos en nuestras decisiones, evaluando si nos acercan o alejan de nuestra visión. Este discernimiento nos empodera a decir no a distracciones y compromisos que no se alinean con nuestros objetivos. La claridad en las metas nos otorga el poder de dirigir nuestras vidas, en lugar de simplemente reaccionar ante lo que sucede a nuestro alrededor.

El proceso de definir metas claras también nos desafía a enfrentar nuestros miedos y dudas internas. Es fácil quedarse en la zona de confort y evitar establecer metas ambiciosas por temor al fracaso. Sin embargo, la claridad en las metas nos invita a abrazar la posibilidad del fracaso como un paso necesario hacia el crecimiento. Cada obstáculo y retroceso se convierte en una oportunidad de aprendizaje, fortaleciendo nuestra resiliencia y determinación.

Una vez que las metas claras están definidas, el siguiente paso es trazar un camino con pasos concretos hacia su consecución. Aquí es donde la planificación cobra vital importancia. Cada meta puede

Sal ya de tu zona de confort.

descomponerse en objetivos más pequeños y alcanzables. Estos objetivos actúan como hitos en el camino, marcando el progreso y brindando un sentido de logro constante. Además, la planificación ayuda a evitar la sensación abrumadora que a veces acompaña a metas ambiciosas, ya que proporciona un marco estructurado para avanzar gradual
 Establece metas personales y profesionales que sean significativas para ti. Trabajar hacia estas metas te brindará un sentido de propósito y dirección en la vida.

Practica la gratitud. En la búsqueda constante de una vida más significativa y plena, a menudo nos vemos atrapados en el torbellino de la rutina diaria y los desafíos que nos presenta el mundo moderno. En medio de esta vorágine, la práctica de la gratitud emerge como una joya resplandeciente, una poderosa herramienta que puede transformar nuestra
perspectiva y conducirnos hacia una mayor felicidad y bienestar.
La gratitud es más que una simple palabra de cortesía o un gesto superficial. Es una actitud profunda que implica reconocer y apreciar sinceramente los regalos, las bendiciones y las experiencias que enriquecen nuestra vida. Es un acto consciente de tomar un momento para contemplar todo lo que tenemos en lugar de concentrarnos en lo que nos falta. Al hacerlo, cultivamos un sentido renovado de aprecio por cada aspecto de nuestras vidas, ya sean grandes o pequeños, visibles u ocultos.

Sal ya de tu zona de confort.

En la raíz de la práctica de la gratitud yace una comprensión fundamental que la vida en sí misma es un regalo, al reconocer este regalo y expresar gratitud por ello, creamos un cambio fundamental en nuestra perspectiva. Las dificultades y los desafíos que enfrentamos ya no son solo obstáculos, sino oportunidades de crecimiento y aprendizaje. La gratitud nos permite enfrentar incluso las circunstancias más difíciles con una mente abierta y un corazón lleno. Practicar la gratitud no significa negar las luchas y dificultades. No se trata de vivir en un estado de negación de las emociones humanas más bien implica abrazar la dualidad de la experiencia humana, reconocer las luchas mientras también apreciamos las alegrías. Al hacerlo, encontramos un equilibrio interno que nos ayuda a navegar por los altibajos de la vida con gracia y resistencia.

La gratitud también tiene el poder de fortalecer nuestras conexiones con los demás. Al expresar gratitud hacia aquellos que nos rodean, nutrimos relaciones más saludables y profundas. Reconocer y valorar los esfuerzos y contribuciones de los demás crea un sentido mutuo de aprecio y respeto además la gratitud nos invita a ser más conscientes de la comunidad y el mundo en el que vivimos, alentándonos a considerar cómo podemos devolver y contribuir de manera positiva.

La práctica de la gratitud puede manifestarse de muchas formas. Desde llevar un diario de gratitud en el que registramos regularmente las cosas por las que nos sentimos agradecidos, hasta simplemente tomar unos minutos cada día para reflexionar sobre nuestros momentos de aprecio, cada pequeño paso nos acerca a una vida más plena y significativa.

En definitiva, la práctica de la gratitud nos guía hacia una transformación profunda en nuestra relación con nosotros mismos, los demás y el mundo en general. Nos ayuda a ver la belleza y la abundancia que nos rodean, a pesar de las adversidades. Nos recuerda que la verdadera riqueza no se encuentra en posesiones materiales, sino en la apertura de nuestro corazón y mente a la experiencia humana en su totalidad. La práctica de la gratitud es un faro de luz en el viaje de la vida. Nos invita a pausar en medio de nuestras prisas y preocupaciones para contemplar lo que realmente importa. Al hacerlo, encontramos alegría en las pequeñas cosas, fuerza en los momentos difíciles y conexión en nuestras interacciones con los demás. La gratitud, en última instancia, nos conduce a un estado de plenitud interior que trasciende las circunstancias externas, permitiéndonos experimentar la vida en toda su riqueza y complejidad. que conoce y aprecia las cosas buenas en tu vida la gratitud puede ayudarte a mantener una actitud positiva y a cultivar un sentido de satisfacción.

Aprende y crece. Aprender y crecer son dos aspectos fundamentales de la experiencia humana. Desde el momento en que nacemos, comenzamos un viaje de aprendizaje que nos acompaña a lo largo de toda la vida. A través del proceso de adquirir conocimientos y experiencias, nos transformamos en individuos más completos y capaces. Este viaje de aprendizaje y crecimiento no tiene un destino final, sino

Sal ya de tu zona de confort.

que es un camino continuo que se adapta y se moldea con el tiempo y las circunstancias.

El aprendizaje es un proceso multifacético que abarca una amplia gama de actividades y situaciones. Desde aprender a caminar cuando somos bebés hasta adquirir habilidades complejas en la edad adulta, el aprendizaje está presente en cada etapa de nuestra vida. Puede manifestarse a través de la educación formal en instituciones académicas, pero también se produce de manera informal a través de la interacción con otras personas, la observación, la experimentación y la reflexión sobre nuestras propias experiencias. Uno de los aspectos más valiosos del aprendizaje es su capacidad para ampliar nuestros horizontes, cuando aprendemos algo nuevo, ya sea un idioma, una habilidad técnica o una perspectiva diferente, estamos enriqueciendo nuestra comprensión del mundo que nos rodea. Este enriquecimiento nos permite enfrentar desafíos con mayor destreza, tomar decisiones más informadas y apreciar la diversidad de pensamiento y cultura que existe en el mundo.

El crecimiento, por otro lado, es la manifestación tangible de nuestro aprendizaje. A medida que absorbemos nuevas ideas y adquirimos habilidades, estamos en constante evolución como individuos, este crecimiento no se limita solo a la adquisición de nuevo conocimiento, también abarca el desarrollo de nuestras habilidades sociales y emocionales, así como la expansión de nuestra conciencia personal. Enfrentamos obstáculos, cometemos errores y a veces fracasamos. Sin embargo, son precisamente estas dificultades las que nos brindan las oportunidades más

Sal ya de tu zona de confort.

significativas para crecer, las lecciones aprendidas de los momentos difíciles son a menudo las más duraderas y profundas.

Es importante destacar que el aprendizaje y el crecimiento son procesos personales y únicos. Cada individuo tiene sus propios intereses, habilidades y experiencias de vida que influyen en su camino de desarrollo. Lo que es importante es que todos tengamos la oportunidad y la voluntad de continuar aprendiendo y creciendo a lo largo de nuestras vidas. La educación formal puede proporcionar una base sólida para el aprendizaje, pero no debe limitarse a ella. La curiosidad, la autodisciplina y la apertura a nuevas ideas son características clave que nos ayudan a aprovechar al máximo nuestro potencial de crecimiento, la disposición para desafiar nuestras creencias preconcebidas y estar dispuestos a salir de nuestra zona de confort son aspectos esenciales del proceso de aprendizaje y crecimiento.

En definitiva, aprender y crecer son dos aspectos inseparables de la experiencia humana. A través del aprendizaje, ampliamos nuestro conocimiento y perspectivas, mientras que el crecimiento representa la manifestación de ese aprendizaje en nuestra vida diaria. A lo largo de este viaje, enfrentamos desafíos, cometemos errores y evolucionamos como individuos. La búsqueda constante de conocimiento y desarrollo personal es lo que enriquece nuestras vidas y nos permite alcanzar nuestro máximo potencial como seres humanos.

Siempre busca oportunidades para aprender algo nuevo. Ya sea a través de la lectura, la educación formal o la adquisición de nuevas habilidades, el crecimiento constante te ayudará a fortalecer tu fuerza interior.

Afronta tus miedos.

Afrontar tus miedos es un proceso psicológico y emocional que implica la capacidad de confrontar situaciones, pensamientos o sentimientos que generan ansiedad, inseguridad o temor. Este proceso puede tener una amplia gama de aplicaciones en diversas áreas de la psicología y la terapia, así como en la vida cotidiana de las personas. Para comprender completamente la importancia de afrontar los miedos, es esencial explorar los aspectos técnicos y profundos relacionados con este tema.

Desde una perspectiva técnica, el afrontamiento de los miedos se relaciona con la psicología cognitiva y conductual. Se basa en la idea de que los miedos y las fobias se desarrollan como resultado de experiencias pasadas o de patrones de pensamiento disfuncionales. Los terapeutas utilizan diversas técnicas para ayudar a las personas a exponerse gradualmente a sus miedos y aprender estrategias de afrontamiento efectivas. La exposición gradual, la reestructuración cognitiva y la terapia de exposición son algunas de las herramientas utilizadas para abordar este proceso.

Sal ya de tu zona de confort.

En un nivel más profundo, afrontar los miedos también implica una exploración de la naturaleza humana y la autenticidad. Los miedos suelen estar arraigados en nuestras experiencias pasadas, nuestras creencias sobre nosotros mismos y nuestras expectativas sociales.

Afrontar estos miedos significa enfrentar la vulnerabilidad y la autenticidad. Requiere un acto de valentía y autorreflexión para confrontar los aspectos más profundos de nuestra psicología y enfrentar los miedos que han estado limitando nuestro crecimiento personal.

El proceso de afrontar los miedos puede tener un impacto significativo en la calidad de vida de una persona. Permite la posibilidad de superar limitaciones autoimpuestas y abrir nuevas puertas hacia el crecimiento personal y el bienestar emocional. Sin embargo, este proceso no es lineal ni exento de desafíos. A menudo implica enfrentar emociones intensas, resistencia y momentos de retroceso. Pero son precisamente estos desafíos los que ofrecen la oportunidad de un crecimiento profundo y duradero. En última instancia, afrontar los miedos no se trata simplemente de vencer un temor específico, sino de empoderar a las personas para que se enfrenten a la vida con una mayor confianza y resiliencia. Es un proceso que no tiene un final definitivo, ya que siempre habrá nuevos miedos y desafíos a lo largo del camino. Sin embargo, al abrazar la idea de afrontar los miedos como una parte esencial de la experiencia humana, las personas pueden liberarse de las cadenas de la

Sal ya de tu zona de confort.

ansiedad y el temor, y vivir una vida más plena y auténtica.

Enfrentar y superar tus miedos te permitirá liberar energía que puede ser redirigida hacia objetivos más constructivos. A menudo, lo que tememos es lo que más necesitamos explorar para crecer.

Visualización y afirmaciones.

La visualización y las afirmaciones son dos herramientas poderosas utilizadas en el ámbito de la psicología, el desarrollo personal y la mejora del rendimiento. Si se aplican adecuadamente, pueden tener un impacto significativo en la vida de las personas, ayudándolas a alcanzar sus metas, superar obstáculos y mejorar su bienestar emocional.

La visualización es un proceso mental en el que una persona se imagina a sí misma logrando un objetivo específico o experimentando una situación deseada de manera vívida y detallada. Esta técnica se basa en la idea de que la mente no puede distinguir entre una experiencia real y una visualización intensa y emocional. Al visualizar repetidamente un escenario positivo, se puede programar la mente subconsciente para creer en la posibilidad de alcanzar ese objetivo. La visualización se utiliza comúnmente en campos como el deporte y el rendimiento artístico, donde los atletas y los artistas visuales utilizan esta técnica para mejorar su rendimiento. Imaginan cada movimiento, cada detalle de su actuación o competencia antes de que ocurra, lo que les ayuda a reducir la ansiedad y a aumentar la confianza en sí mismos. Además, esta técnica puede ser aplicada en la vida cotidiana para alcanzar metas personales, como la pérdida de peso,

Sal ya de tu zona de confort.

el éxito en los negocios o la mejora de las relaciones interpersonales.

Las afirmaciones son declaraciones positivas y en presente que se repiten a sí mismas con el objetivo de reforzar una creencia o comportamiento deseado. Estas afirmaciones pueden ser utilizadas para desafiar y cambiar patrones de pensamiento negativos o limitantes. Al repetir afirmaciones regularmente, se puede influir en la mente subconsciente y reemplazar creencias negativas arraigadas por pensamientos más positivos y constructivos.

Por ejemplo, alguien que lucha con la autoestima baja puede repetir afirmaciones como "Soy valioso y digno de amor y respeto", mientras que alguien que busca superar el miedo a hablar en público puede decir "Soy un comunicador eficaz y seguro". Estas afirmaciones no solo ayudan a cambiar la percepción de uno mismo, sino que también pueden afectar la forma en que uno se comporta y se relaciona con los demás.

Es importante destacar que tanto la visualización como las afirmaciones requieren práctica constante y un enfoque positivo. No son soluciones mágicas ni garantías de éxito instantáneo, pero pueden ser herramientas valiosas en un conjunto más amplio de estrategias de desarrollo personal. Además, es esencial que las visualizaciones y afirmaciones sean realistas y alineadas con los valores y metas personales de cada individuo. Las afirmaciones son técnicas poderosas para influir en la mente y el comportamiento humanos. Al utilizar estas herramientas de manera efectiva y constante, las personas pueden mejorar su autoconfianza, cambiar

Sal ya de tu zona de confort.

patrones de pensamiento negativos y acercarse a sus metas con una mentalidad positiva y proactiva. Estas prácticas pueden tener un impacto profundo en la vida de quienes las emplean, permitiéndoles alcanzar su máximo potencial y experimentar una mayor satisfacción en la vida.

Utiliza la visualización positiva para imaginar tus metas alcanzadas y tus sueños realizados. Las afirmaciones positivas también pueden ayudarte a reforzar tu confianza y creencia en ti mismo. Recuerda que descubrir tu fuerza interior es un proceso continuo y personal. No hay un enfoque único que funcione para todos, así que experimenta con diferentes técnicas y enfoques para encontrar lo que mejor se adapte a ti. El viaje de descubrimiento de la fuerza interior puede ser desafiante, pero también es gratificante y enriquecedor.

Sal ya de tu zona de confort.

CAPITULO 2

LAS RAÍCES DEL CRECIMIENTO, TRANSFORMANDO LA ADVERSIDAD

"El conocimiento es el faro que guía nuestro viaje a través de las aguas desconocidas de la existencia."

Sal ya de tu zona de confort.

Transformando la Adversidad" parece ser un título sugerente que sugiere un enfoque en cómo las dificultades y los desafíos en la vida pueden conducir al crecimiento personal y transformación. Este título refleja la idea de que a menudo, cuando enfrentamos situaciones adversas o difíciles, tenemos la oportunidad de aprender, adaptarnos y crecer de maneras que no serían posibles en circunstancias más cómodas o fáciles.

El concepto de crecimiento a través de la adversidad ha sido explorado en diferentes campos, como la psicología, la filosofía y la literatura. Muchos argumentan que las experiencias difíciles nos desafían a enfrentar nuestras limitaciones, a desarrollar resiliencia y a encontrar nuevas formas de superar obstáculos. En este proceso, podemos descubrir fortalezas y habilidades que no éramos conscientes de tener.

"Un fracaso es un éxito disfrazado" es una frase que refleja la idea de que los errores, reveses o situaciones adversas pueden contener lecciones valiosas y oportunidades de crecimiento. Aunque en el momento puede parecer que un fracaso es simplemente una pérdida o un revés, es posible que, con el tiempo y la reflexión, se pueda descubrir cómo ese fracaso condujo a un camino diferente y potencialmente más exitoso.

Esta perspectiva se basa en la noción de que los errores y fracasos son oportunidades para aprender, ajustarse y mejorar en futuros intentos. Muchos

Sal ya de tu zona de confort.

individuos y emprendedores exitosos han experimentado fracasos en algún momento de sus vidas, pero lo que los distingue es su capacidad para aprender de esas experiencias y aplicar esas lecciones en sus esfuerzos posteriores.

Los errores y fracasos son componentes inevitables y esenciales en el camino hacia el éxito. A menudo, la sociedad tiende a estigmatizarlos y asociarlos con la derrota, la vergüenza o la incompetencia. Sin embargo, una perspectiva más profunda revela que son, de hecho, los cimientos sobre los cuales se construyen logros significativos y el crecimiento personal. A través de un análisis detenido, una reflexión sincera y una reevaluación de lo que consideramos éxito, podemos transformar los errores y fracasos en oportunidades para alcanzar nuestras metas más ambiciosas y dar forma a vidas más ricas y satisfactorias.

En primer lugar, los errores y fracasos son maestros inclementes pero efectivos. Cuando nos aventuramos fuera de nuestra zona de confort, cuando asumimos riesgos y desafiamos lo desconocido, es inevitable que cometamos errores. Estos errores no deben ser vistos como obstáculos, sino como lecciones valiosas. Cada error nos enseña algo nuevo, nos proporciona información sobre lo que no funciona y nos guía hacia mejores enfoques. En esencia, el fracaso es una especie de retroalimentación directa y cruda que nos dice cómo mejorar. Siempre que aprendamos de estos errores y ajustemos nuestro enfoque en consecuencia, nos acercamos un paso más al éxito.

Sal ya de tu zona de confort.

Además, los fracasos pueden forjar la resiliencia y la determinación. Aquellos que han experimentado derrotas significativas y han persistido en la búsqueda de sus objetivos han desarrollado una fortaleza interna que les permite superar desafíos futuros con mayor confianza. Saben que, aunque pueden caer, tienen la capacidad de levantarse una y otra vez. Esta resiliencia es una herramienta poderosa que se puede aplicar en todas las áreas de la vida, desde las metas profesionales hasta las relaciones personales.

Un aspecto esencial de transformar errores y fracasos en oportunidades de éxito es la mentalidad con la que los abordamos. En lugar de ver los fracasos como un juicio sobre nuestra valía, debemos considerarlos como pasos necesarios en el viaje hacia nuestros objetivos. La mentalidad de crecimiento, promovida por la psicóloga Carol Dweck, sugiere que la habilidad y el talento pueden desarrollarse a través del esfuerzo y la perseverancia. Con esta mentalidad, vemos el fracaso como una parte natural del proceso de aprendizaje y crecimiento.

Por último, es importante recalibrar nuestras definiciones de éxito.

El éxito no debe medirse únicamente por los logros finales, sino por el progreso que hemos hecho y por la sabiduría que hemos adquirido en el camino, por que recuerda que el cambio es siempre en ser cada vez la mejor versión de nosotros mismos, en lugar de fijarnos solo en el destino, debemos aprender a disfrutar del viaje. Cuando valoramos el proceso y apreciamos la oportunidad de crecimiento personal que se deriva de

Sal ya de tu zona de confort.

los errores y fracasos, encontramos una fuente inagotable de motivación y satisfacción.

Los errores y fracasos no son obstáculos para el éxito; son peldaños en la escalera hacia él. Cuando los vemos como oportunidades de aprendizaje y crecimiento, cuando los enfrentamos con resiliencia y una mentalidad de crecimiento, transformamos cada fracaso en un paso más hacia el éxito. A través de esta perspectiva, nos empoderamos para enfrentar desafíos, abrazar la autenticidad y construir vidas que reflejen nuestro verdadero potencial.

Sin embargo, es importante notar que no todos los fracasos automáticamente se convierten en éxitos. Algunas situaciones pueden ser verdaderamente perjudiciales o irreparables. La clave está en la actitud y la disposición para adaptarse y aprender de las dificultades.

Esto nos recuerda que incluso en medio de situaciones desafiantes, hay oportunidades para el crecimiento personal y el éxito futuro si estamos dispuestos a aprender y perseverar.

Sal ya de tu zona de confort.

Historias de fracasos convertidos en éxito que nos inspiran.

Un emprendedor llamado Alejandro, quien tenía una pasión ardiente por la tecnología y la innovación. Desde joven, soñaba con crear un producto revolucionario que cambiara la forma en que las personas interactuaban con el mundo digital. Después de años de estudio y trabajo en la industria, finalmente reunió suficiente valentía y recursos para lanzar su propia startup.

Con una visión clara en mente, Alejandro y su equipo comenzaron a desarrollar un dispositivo wearable que combinaba realidad aumentada con inteligencia artificial. El objetivo era proporcionar una experiencia inmersiva a los usuarios, fusionando el mundo físico con el digital de una manera completamente nueva. Después de dedicar largas horas de investigación y desarrollo, finalmente lanzaron el producto al mercado con gran entusiasmo.

Sin embargo, el entusiasmo inicial se convirtió rápidamente en decepción. A pesar de sus esfuerzos, el dispositivo no funcionaba como esperaban. La realidad aumentada tenía problemas de latencia, la detección de gestos no era precisa y la interfaz de usuario resultaba confusa para la mayoría de las personas. Las críticas negativas no se hicieron esperar, y las ventas fueron mínimas.

El fracaso fue devastador para Alejandro y su equipo. Se encontraron al borde de la quiebra y enfrentaron una serie de decisiones difíciles. Muchos sugirieron abandonar el proyecto por completo, pero Alejandro se

Sal ya de tu zona de confort.

aferró a su visión original. En lugar de rendirse, decidió transformar este fracaso en una oportunidad para el aprendizaje y la mejora.

En lugar de centrarse únicamente en las críticas negativas, Alejandro comenzó a analizar los comentarios de los usuarios con una mente abierta. Reunió a su equipo y les recordó por qué habían comenzado este proyecto en primer lugar: cambiar la forma en que las personas interactúan con la tecnología. Juntos, desglosaron cada problema técnico y cada queja de los usuarios.

Este proceso de introspección llevó a importantes descubrimientos. Se dieron cuenta de que habían subestimado la importancia de la usabilidad y la experiencia del usuario. También reconocieron que habían estado tan enfocados en la tecnología en sí que habían descuidado cómo esta tecnología realmente impactaría en la vida de las personas.

Con una nueva determinación, Alejandro y su equipo se sumergieron en una fase intensiva de rediseño y mejora. Colaboraron con expertos en experiencia del usuario y realizaron pruebas rigurosas con un grupo diverso de personas para entender sus necesidades y expectativas. Aprendieron a simplificar la interfaz y a resolver los problemas de latencia y precisión en la realidad aumentada.

Después de meses de trabajo duro, finalmente lanzaron una versión mejorada del dispositivo al mercado. Esta vez, la respuesta fue abrumadoramente positiva. Los usuarios elogiaron la facilidad de uso, la experiencia inmersiva y la forma en que el dispositivo realmente mejoraba sus vidas. Las ventas se dispararon y la startup comenzó a recuperar su posición en el mercado.

Con el tiempo, la empresa de Alejandro se convirtió en líder en tecnología de realidad aumentada y dispositivos wearables. Su capacidad para convertir un fracaso inicial en una lección de humildad y mejora demostró ser la clave de su éxito. No solo lograron crear un producto exitoso, sino que también cultivaron una cultura de aprendizaje continuo y adaptabilidad. La historia de Alejandro nos recuerda que el fracaso no tiene por qué ser el final de un camino, sino que puede ser el comienzo de un viaje hacia el éxito. Con determinación, humildad y un enfoque en la mejora constante, incluso los fracasos más desalentadores pueden transformarse en grandes éxitos.

persiste en su idea.

Daniel, quien desde joven había soñado con crear su propio imperio empresarial. Con una combinación de determinación, visión y entusiasmo, Daniel decidió aventurarse en el mundo de la tecnología y fundó una empresa llamada "TechVisions".

En sus primeros años, TechVisions desarrolló una innovadora aplicación móvil que permitía a los usuarios encontrar y reservar servicios locales de manera conveniente. La aplicación ganó cierta popularidad inicial, y Daniel estaba lleno de esperanzas de que su negocio despegara rápidamente. Sin embargo, había subestimado la competencia en el mercado y no había

Sal ya de tu zona de confort.

evaluado completamente las necesidades cambiantes de los usuarios.

A medida que pasaba el tiempo, surgieron problemas en el horizonte. La aplicación de TechVisions comenzó a tener problemas técnicos que afectaban la experiencia del usuario. Además, la empresa no pudo mantener el ritmo de las actualizaciones y nuevas características que los competidores lanzaban constantemente. La falta de un enfoque claro en la experiencia del usuario y una estrategia de marketing insuficiente también comenzaron a pasar factura. Los inversores, inicialmente entusiasmados por el potencial de TechVisions, comenzaron a retirar su apoyo debido a la falta de resultados tangibles. Daniel se encontraba en una situación desesperada, luchando por mantener a flote su negocio mientras veía cómo sus sueños se desvanecían lentamente.

Pero la historia de Daniel no se detiene aquí. Toma la decisión de replantear nuevamente su proyecto, lo cual contrata a nuevos expertos en tecnología en creación de aplicaciones, con este nuevo equipo de trabajo crean y desarrollan una aplicación revolucionaria para el mercado, esto nos dé mutra que en lugar de darse por vencido, decidió tomar un enfoque diferente. Además, reevaluó su estrategia de marketing y comenzó a centrarse en narrar la historia detrás de TechVisions: la pasión por conectar a las personas con servicios locales de calidad.

A medida que TechVisions se reinventaba, empezaron a verse mejoras significativas. La aplicación se volvió más estable y rápida, lo que aumentó la satisfacción de los usuarios. Daniel también buscó asociarse con negocios locales para ofrecer ofertas exclusivas a través de la plataforma, lo que generó un mayor interés en la comunidad.

Poco a poco, la reputación de TechVisions comenzó a cambiar. Los usuarios que habían estado decepcionados comenzaron a notar las mejoras y regresaron a la plataforma. La empresa atrajo la atención de inversores dispuestos a darle otra oportunidad debido a la transformación visible.

Con el tiempo, TechVisions se convirtió en un éxito rotundo. La aplicación no solo funcionaba sin problemas, sino que también se había convertido en un centro de confianza para conectar a las personas con servicios locales de calidad. La perseverancia y la voluntad de aprender de los errores pasados habían llevado a Daniel y su empresa desde el borde del fracaso hasta el pináculo del éxito.

La historia de Daniel y TechVisions se convirtió en un ejemplo inspirador en el mundo empresarial. Mostró cómo la tenacidad, la adaptabilidad y la disposición para aprender de los fracasos podían transformar un negocio que había estado al borde del colapso en un líder de la industria.

María, que tenía una pasión innata por los bienes raíces desde una edad temprana. A medida que crecía, su fascinación por las propiedades, el diseño arquitectónico y el potencial de inversión se hizo cada vez más profunda. Después de años de educación y trabajo en el campo, María decidió que era hora de dar el salto y fundar su propia empresa de bienes raíces. Con una visión clara en mente, María estableció

Sal ya de tu zona de confort.

"Viviendas Elegantes", una empresa enfocada en brindar servicios de bienes raíces de alta calidad que combinaban una estética elegante con oportunidades de inversión sólidas. María sabía que, para destacar en un mercado competitivo, necesitaba diferenciarse. Su enfoque no solo se centró en la compra y venta de propiedades, sino también en el diseño de interiores y la renovación de propiedades para maximizar su valor. En los primeros meses, María enfrentó desafíos. El mercado inmobiliario era competitivo y establecer su marca requería tiempo y esfuerzo. Sin embargo, María era una aprendiz incansable y estaba dispuesta a adaptarse a las cambiantes tendencias del mercado. Hizo investigaciones exhaustivas sobre las preferencias de los compradores y los lugares de mayor demanda.

Uno de los momentos clave en su trayectoria ocurrió cuando María identificó una antigua mansión en el corazón de la ciudad. Aunque la propiedad estaba en un estado deteriorado, María vio su potencial y supo que, con la renovación adecuada, podría convertirse en una joya inmobiliaria. Convencida de su visión, María adquirió la propiedad y comenzó una transformación completa.

Durante los meses siguientes, María trabajó con diseñadores, arquitectos y contratistas para dar nueva vida a la mansión. El resultado fue impresionante: una casa elegante y moderna que mantenía su encanto histórico pero con todas las comodidades contemporáneas. María decidió abrir la propiedad al público a través de un evento de exhibición. La

Sal ya de tu zona de confort.

respuesta fue abrumadora y la mansión se vendió a un precio que superó todas las expectativas.

Este éxito no solo marcó un punto de inflexión para "Viviendas Elegantes", sino también para la reputación de María como una visionaria en bienes raíces. A medida que la noticia de su enfoque único y su transformación exitosa se extendió, más propietarios acudieron a ella para renovar y vender sus propiedades.

Con el tiempo, "Viviendas Elegantes" se convirtió en una marca reconocida en bienes raíces, conocida por su enfoque en la estética y el valor añadido a través de renovaciones inteligentes. María también comenzó a ofrecer servicios de consultoría para inversionistas interesados en maximizar sus retornos a través de propiedades bien diseñadas y estratégicamente ubicadas.

La historia de éxito de María en el mundo de los bienes raíces se convirtió en una inspiración para otros emprendedores que aspiraban a hacer una marca en este competitivo campo. Su capacidad para identificar oportunidades donde otros no veían más que desafíos, su enfoque en la excelencia y su voluntad de aprender y adaptarse la llevaron de ser una emprendedora apasionada a una líder exitosa en la industria de bienes raíces.

CAPITULO 3

EL DIALOGO INTERNO, FORTALECIENDO LA ADAPTACIÓN AL CAMBIO

La vida es una serie de colisiones con el futuro; no es una suma de lo que hemos sido, sino de lo que anhelamos ser." - José Ortega.

Sal ya de tu zona de confort.

El diálogo interno es una poderosa herramienta psicológica que desempeña un papel fundamental en nuestra capacidad para adaptarnos al cambio. A lo largo de la vida, nos encontramos con una variedad de situaciones que requieren que ajustemos nuestras actitudes, comportamientos y perspectivas. Ya sea enfrentando un cambio en el trabajo, una nueva etapa en la vida, una relación que evoluciona o una crisis inesperada, nuestra capacidad para mantener un diálogo interno saludable puede marcar la diferencia en nuestra capacidad para adaptarnos de manera efectiva.

En su esencia, el diálogo interno se refiere a la conversación que mantenemos con nosotros mismos en nuestra mente. Es una voz interna que nos guía, nos juzga, nos apoya o nos critica en función de nuestras percepciones y creencias. Este diálogo puede ser consciente o inconsciente, pero juega un papel significativo en la forma en que enfrentamos y abrazamos el cambio.

Fortalecer la adaptación al cambio a través del diálogo interno implica varios aspectos clave:

Autoconciencia: El primer paso para fortalecer nuestro diálogo interno es tomar conciencia de él. Debemos prestar atención a las voces internas que influyen en nuestras reacciones y decisiones ante el cambio. ¿Son estas voces amigables, críticas, temerosas o constructivas?

Autoaceptación: La adaptación al cambio a menudo comienza con la aceptación de que el cambio es una parte natural de la vida. Al abrazar la idea de que el

Sal ya de tu zona de confort.

cambio es constante, podemos dejar de resistirnos y empezar a trabajar con él de manera más efectiva. Cambio de perspectiva: A menudo, el diálogo interno negativo está arraigado en patrones de pensamiento limitantes. Es importante aprender a desafiar y cambiar estas perspectivas negativas hacia enfoques más positivos y constructivos.

Resiliencia emocional: El diálogo interno influye en nuestras emociones. Practicar la resiliencia emocional implica aprender a regular nuestras emociones y afrontar los desafíos emocionales que surgen durante el cambio. Esto nos permite mantener una mente clara y equilibrada.

Flexibilidad cognitiva: Fortalecer el diálogo interno implica ser flexible en la forma en que percibimos y respondemos al cambio. La rigidez cognitiva puede ser un obstáculo para la adaptación. Al estar dispuestos a considerar nuevas perspectivas, podemos abrazar el cambio con más facilidad.

Autoapoyo: A menudo somos nuestros críticos más duros. Aprender a hablar con nosotros mismos de manera compasiva y alentadora puede fortalecer nuestra capacidad para enfrentar el cambio con confianza y determinación.

Metas realistas: Establecer metas realistas y alcanzables es esencial para la adaptación efectiva. El diálogo interno puede ayudarnos a establecer expectativas realistas y mantenernos enfocados en nuestros objetivos a medida que enfrentamos el cambio.

El diálogo interno se refiere a los pensamientos y conversaciones que tenemos con nosotros mismos en

Sal ya de tu zona de confort.

nuestra mente. La resiliencia mental se refiere a la capacidad de afrontar y recuperarse de situaciones difíciles y estresantes.

Fortalecer la resiliencia mental a través del diálogo interno implica cultivar una mentalidad positiva y constructiva para afrontar los desafíos y adversidades de la vida, algunos conceptos clave relacionados con esto.

Emocional: Implica ser consciente de tus emociones en el momento presente, así como comprender las razones detrás de esas emociones. Reconocer si estás sintiendo alegría, tristeza, enojo, ansiedad, etc., es un ejemplo de autoconciencia emocional.

Cognitiva: Esto se refiere a estar consciente de tus patrones de pensamiento, creencias y opiniones. Significa reconocer tus pensamientos automáticos y cómo influyen en tu perspectiva y acciones.

Física. La dimensión física es una parte integral de lo que significa ser humano. Cuidar de nuestro cuerpo y nuestra salud física es esencial para llevar una vida plena y satisfactoria. La atención a esta dimensión no solo nos permite experimentar el mundo de manera más rica y significativa, sino que también influye en nuestra salud mental y emocional. Al abrazar la importancia de esta dimensión y equilibrarla con otras dimensiones de nuestra vida, podemos aspirar a una vida más saludable y gratificante.

Se trata de estar consciente de las sensaciones físicas y las señales que tu cuerpo te envía. Esto puede incluir reconocer si estás tenso, relajado, cansado, con hambre, etc.

Sal ya de tu zona de confort.

Social. Implica entender cómo interactúas con los demás y cómo te perciben. Reconocer tus fortalezas y debilidades en las relaciones interpersonales es parte de la autoconciencia social. En la búsqueda de una vida plena y exitosa, a menudo nos centramos en nuestras debilidades y áreas de mejora. Nos esforzamos por corregir lo que consideramos defectos y nos sometemos a una constante autoevaluación crítica. Sin embargo, este enfoque puede ser limitante y, en ocasiones, des motivante. En lugar de centrarnos únicamente en nuestras debilidades, es fundamental reconocer y valorar nuestras fortalezas personales. Las fortalezas personales son los talentos, habilidades y características que nos hacen únicos y que nos permiten destacar en diferentes aspectos de la vida. Estas fortalezas son como las herramientas en nuestro kit de supervivencia, y su reconocimiento y desarrollo son esenciales para nuestro bienestar y éxito general.

La autoconciencia es fundamental para el crecimiento personal y el bienestar emocional por varias razones: Te permite comprender mejor tus propias necesidades y deseos.
Te ayuda a reconocer patrones de comportamiento que pueden ser perjudiciales o contraproducentes. Facilita la toma de decisiones informadas y alineadas con tus valores y metas.
Contribuye al desarrollo de una autoimagen más realista y saludable.
Fomenta la empatía hacia los demás, ya que una mayor comprensión de ti mismo puede llevarte a comprender mejor a los demás.

Sal ya de tu zona de confort.

La autoconciencia también es un paso esencial para realizar cambios positivos en tu vida. Una vez que eres consciente de tus áreas de mejora o de las emociones que estás experimentando, puedes trabajar en desarrollar estrategias para abordar los desafíos y fomentar tu bienestar.

Autocompasión: En lugar de ser duro contigo mismo cuando enfrentas dificultades, practicar la autocompasión implica tratarte con amabilidad y comprensión, similar a cómo tratarías a un amigo que está pasando por momentos difíciles.

Reestructuración cognitiva.

Esta técnica implica desafiar y cambiar pensamientos negativos distorsionados por otros más realistas y constructivos. Es decir, transforma pensamientos autodestructivos en pensamientos que promuevan la resiliencia y el crecimiento. La reestructuración cognitiva es una técnica terapéutica ampliamente utilizada en la terapia cognitivo-conductual (TCC) para ayudar a las personas a identificar, cuestionar y cambiar patrones de pensamiento negativos, distorsionados o poco saludables. Esta técnica se basa en la premisa de que nuestros pensamientos influyen en nuestras emociones y comportamientos, por lo que modificar patrones de pensamiento negativos puede tener un impacto positivo en nuestras respuestas emocionales y en nuestra vida en general. La reestructuración cognitiva implica varios pasos.

Sal ya de tu zona de confort.

Identificación de pensamientos automáticos: Comienza por ser consciente de tus pensamientos en situaciones específicas. Identifica los patrones negativos, autocríticos o distorsionados que puedan surgir en tu mente.

Cuestionamiento de los pensamientos: Una vez que identificas tus pensamientos automáticos, comienza a cuestionar su validez y precisión. ¿Hay evidencia real que respalde esos pensamientos? ¿Existe una perspectiva alternativa más objetiva?

Búsqueda de evidencia: Examina si hay pruebas que respalden o contradigan tus pensamientos negativos. A menudo, los pensamientos negativos se basan en suposiciones infundadas.

Generación de perspectivas alternativas.

Trata de ver la situación desde diferentes ángulos. ¿Cómo reaccionaría alguien más en esta situación? ¿Cuáles son las posibles interpretaciones alternativas de los eventos? La generación de perspectivas alternativas es un proceso mental crucial en la toma de decisiones y la resolución de problemas.

Se trata de la capacidad de pensar más allá de la primera solución que nos viene a la mente y considerar diversas opciones antes de tomar una decisión o abordar un desafío. Esta habilidad es esencial en todos los aspectos de la vida, desde el ámbito personal hasta el profesional, ya que nos permite tomar decisiones más informadas y creativas.

Sal ya de tu zona de confort.

Una de las razones por las que la generación de perspectivas alternativas es tan importante es porque

Sal ya de tu zona de confort.

la realidad es inherentemente compleja y variable. Las situaciones que enfrentamos rara vez son simples y lineales, y a menudo involucran una serie de factores interrelacionados. Si nos limitamos a considerar una sola perspectiva o solución, es probable que pasemos por alto aspectos importantes o posibilidades que podrían haber llevado a una mejor elección.

Creación de pensamientos más realistas y equilibrados.

La creación de pensamientos más realistas y equilibrados es un paso clave en la reestructuración cognitiva y en el proceso de cambiar patrones de pensamiento negativos o distorsionados. Esta parte de la técnica implica transformar tus pensamientos automáticos y negativos en pensamientos que reflejen una comprensión más precisa y objetiva de la situación. Aquí hay algunos pasos y enfoques que puedes utilizar para lograr esto Una vez que hayas cuestionado tus pensamientos negativos, trabaja en generar pensamientos más realistas, objetivos y equilibrados. Estos nuevos pensamientos deben reflejar una comprensión más precisa de la situación.

Sal ya de tu zona de confort.

Cambiar patrones de pensamiento.

Cambiar patrones de pensamiento es un proceso fundamental en el desarrollo personal y el crecimiento. Nuestros pensamientos influyen en nuestra percepción del mundo, nuestras emociones y nuestras acciones. Si deseamos mejorar nuestra calidad de vida, nuestras relaciones y nuestras perspectivas, es esencial aprender a identificar y modificar patrones de pensamiento negativos o limitantes. En este texto, exploraremos la importancia de cambiar patrones de pensamiento, los desafíos involucrados y estrategias efectivas para llevar a cabo esta transformación.

La Importancia de Cambiar Patrones de Pensamiento.

Nuestros pensamientos son como el lente a través del cual vemos y experimentamos el mundo. Si nuestros patrones de pensamiento son negativos, pesimistas o autodestructivos, esto puede crear un ciclo de negatividad en nuestras vidas. Por otro lado, si nuestros patrones de pensamiento son positivos, realistas y constructivos, podemos desarrollar una mentalidad que nos empodere para enfrentar desafíos y alcanzar metas.

Cambiar patrones de pensamiento es fundamental por que.

Influye en nuestras emociones. Los pensamientos negativos pueden generar ansiedad, estrés, depresión y otros problemas emocionales. Al cambiar patrones de pensamiento negativos, podemos mejorar nuestra salud mental y emocional.

Sal ya de tu zona de confort.

Impacta nuestras relaciones. Los patrones de pensamiento negativos pueden dañar nuestras relaciones al crear malentendidos, conflictos y comunicación deficiente. Al cambiar hacia pensamientos más positivos y comprensivos, podemos fortalecer nuestras conexiones con los demás. Afecta nuestras acciones: Los pensamientos limitantes pueden impedirnos tomar medidas hacia nuestros objetivos. Al cambiar nuestros patrones de pensamiento, nos empoderamos para actuar y lograr lo que deseamos.

Fomenta la resiliencia. Una mentalidad más positiva y adaptable nos ayuda a ser más resilientes frente a los obstáculos y las adversidades de la vida.

Desafíos en el Cambio de Patrones de Pensamiento

Cambiar patrones de pensamiento no es una tarea fácil. Requiere autoconciencia, paciencia y compromiso. Algunos de los desafíos comunes incluyen:

Hábitos arraigados. Los patrones de pensamiento negativos a menudo se han desarrollado durante años y se han vuelto hábitos arraigados. Reemplazarlos requiere tiempo y esfuerzo constante. Cambiar hábitos de pensamiento arraigados es un desafío pero un objetivo alcanzable que puede tener un impacto significativo en tu bienestar emocional y mental. Los hábitos de pensamiento arraigados se desarrollan a lo largo del tiempo a través de la repetición y la experiencia, y a menudo están profundamente arraigados en nuestra psicología. Sin embargo, con paciencia, autoconciencia y estrategias efectivas, es

Sal ya de tu zona de confort.

posible transformar estos patrones negativos en pensamientos más saludables y constructivos, exploraremos cómo puedes abordar este proceso de cambio y lograr una mentalidad más positiva.

Comprender la Naturaleza de los Hábitos de Pensamiento Arraigados

Antes de abordar la transformación de tus hábitos de pensamiento, es crucial comprender cómo se formaron y por qué persisten. Estos patrones suelen surgir de experiencias pasadas, traumas, influencias familiares, y autopercepciones. Pueden manifestarse como pensamientos negativos sobre uno mismo, el mundo o el futuro. Reconocer que estos patrones son aprendidos y no innatos es un primer paso importante. El primer paso para cambiar hábitos de pensamiento arraigados es la autoconciencia. Necesitas ser consciente de tus pensamientos y reconocer cuándo surgen esos patrones negativos. Mantén un diario de pensamientos para rastrear tus patrones y descubrir cuándo y por qué ocurren.

Una vez que hayas identificado un patrón de pensamiento arraigado, comienza a cuestionarlo. Pregúntate a ti mismo si estas creencias son realistas, si tienen evidencia sólida que las respalde o si son simplemente suposiciones infundadas. A menudo, te darás cuenta de que muchos de estos pensamientos no se sostienen bajo escrutinio.

Programación Neurolingüística (PNL)

es un enfoque psicológico que se ha utilizado con éxito para reprogramar patrones de pensamiento arraigados. Esta metodología se basa en la idea de que los pensamientos y comportamientos están conectados y pueden modificarse a través de la comunicación y la visualización positiva. A continuación, se describen algunas técnicas de PNL que puedes utilizar para reprogramar pensamientos arraigados:

El primer paso en el proceso de reprogramación es la identificación de los patrones de pensamiento que deseas cambiar. Esto requiere autoconciencia y reflexión. Presta atención a los pensamientos recurrentes y negativos que surgen en diferentes situaciones.

Una vez que identifiques un patrón de pensamiento negativo, interrumpe ese patrón conscientemente. Esto puede lograrse diciendo "¡Alto!" o "¡Detente!" en tu mente en el momento en que surja el pensamiento negativo. Esta acción mental te ayuda a romper la cadena de pensamientos automáticos negativos. El re encuadre es una técnica central en la PNL que implica ver una situación desde una perspectiva diferente. Por ejemplo, si tiendes a pensar en términos de "fracaso", intenta encontrar una manera de verlo como una oportunidad de aprendizaje. Cambiar la forma en que percibes una situación puede transformar tus patrones de pensamiento.

La visualización positiva es una técnica poderosa de la PNL. Cierra los ojos e imagina un escenario en el que estás pensando, sintiendo y actuando de manera positiva y efectiva. Añade detalles sensoriales y emocionales para hacer la visualización más vívida.

Sal ya de tu zona de confort.

Esto ayuda a programar tu mente para adoptar nuevos patrones de pensamiento.

El anclaje es una técnica que asocia un estado emocional o mental específico con una señal física, como presionar tus dedos pulgares juntos. Cuando te encuentres pensando en un patrón negativo, activa el anclaje (por ejemplo, presionando tus dedos pulgares) para cambiar instantáneamente a un estado mental positivo.

Busca ejemplos de personas que tengan los patrones de pensamiento que deseas adoptar. Estudia cómo piensan y se comportan en situaciones similares. El modelado de comportamiento te proporciona un modelo a seguir para reprogramar tus propios patrones de pensamiento.

El lenguaje que utilizas contigo mismo puede tener un gran impacto en tus patrones de pensamiento. Evita el uso de palabras negativas o limitantes. En lugar de decir "No puedo hacerlo", cámbialo a "Estoy trabajando en ello y lo lograré".

La reprogramación de patrones de pensamiento arraigados no sucede de la noche a la mañana. Requiere práctica constante y repetición.

Comprométete a ser consciente de tus pensamientos y a aplicar las técnicas de PNL regularmente.

La PNL ofrece un enfoque efectivo para reprogramar patrones de pensamiento arraigados. Al identificar, interrumpir y transformar tus pensamientos negativos, puedes mejorar tu bienestar emocional y mental, y abrir nuevas oportunidades para el crecimiento personal y el éxito. La práctica constante de estas técnicas te ayudará a consolidar los nuevos patrones de pensamiento positivo en tu vida

Sal ya de tu zona de confort.

Cultiva una mentalidad de gratitud. Es muy importante reconocer porque debe estar agradecido, solo al levantarte di me siento tan agradecido y pon un porque, puede ser tu trabajo, tu familia, tu salud etc. Solo di gracias, gracias gracias tantas veces como sea posible, y de esta forma estarás enviando un mensaje al universo, y por consiguiente recibirás más de lo mismo.

A menudo, los hábitos de pensamiento arraigados se centran en lo negativo. Enfócate en lo positivo en tu vida y práctica el reconocimiento activo de las cosas buenas que te rodean. Esto puede ayudar a cambiar el enfoque de tu mente hacia lo positivo. Una vez que hayas cuestionado un patrón de

pensamiento negativo, trabaja en reemplazarlo activamente con una alternativa más saludable y constructiva. Por ejemplo, si tiendes a pensar que siempre fallas en todo, reemplázalo con pensamientos de auto reforzamiento como "Puedo aprender de mis errores y mejorar con el tiempo".

Resistencia al cambio. Nuestro cerebro a menudo se siente cómodo con lo conocido, incluso si es negativo. Cambiar patrones de pensamiento puede generar resistencia interna.

Autoconciencia limitada: Identificar patrones de pensamiento negativos a veces puede ser difícil, ya que estamos tan acostumbrados a ellos que los consideramos normales.

Miedo al fracaso: Al cambiar patrones de pensamiento, podemos enfrentar el miedo al fracaso o la inseguridad,

Sal ya de tu zona de confort.

ya que nos alejamos de nuestra zona de confort mental.

Cambiar patrones de pensamiento es un proceso esencial para mejorar nuestra salud mental, nuestras relaciones y nuestra calidad de vida en general. Aunque puede ser desafiante, con el tiempo y la práctica constante, podemos desarrollar una mentalidad más positiva y constructiva que nos empodere para enfrentar los desafíos y aprovechar las oportunidades que la vida nos presenta. lleva tiempo y práctica. Es importante practicar la reestructuración cognitiva de manera regular para que se convierta en una habilidad natural.

La reestructuración cognitiva es útil para abordar problemas como la ansiedad, la depresión, la baja autoestima y otros trastornos emocionales. Al cambiar pensamientos negativos y distorsionados por otros más realistas y saludables, las personas pueden experimentar una mejora en su bienestar emocional y en su capacidad para afrontar los desafíos de la vida de manera más efectiva.

Si bien puedes intentar la reestructuración cognitiva por ti mismo, es recomendable buscar la orientación de un terapeuta entrenado en TCC para una aplicación más efectiva y personalizada de esta técnica.

Visualización positiva: Imaginar situaciones desafiantes resolviéndose de manera exitosa puede ayudar a desarrollar una mentalidad positiva La visualización positiva es una técnica psicológica que implica crear imágenes mentales vívidas y realistas de situaciones o escenarios deseados. Consiste en imaginar de manera detallada y positiva cómo te

Sal ya de tu zona de confort.

gustaría que ocurriera algo en particular en tu vida. Esta técnica se basa en la idea de que la mente no distingue claramente entre las imágenes mentales y las experiencias reales, lo que significa que visualizar un resultado positivo puede influir en tus emociones y comportamientos de manera similar a si realmente hubiera sucedido.

La visualización positiva puede ser aplicada en varios contextos:

Logro de objetivos: Imaginar con detalle cómo te verías, sentirías y actuarías una vez que hayas alcanzado un objetivo. Esta visualización puede aumentar tu motivación y confianza para trabajar hacia ese objetivo.

Manejo del estrés: Visualizar situaciones estresantes resolviéndose de manera calmada y exitosa puede reducir la ansiedad y ayudarte a afrontar esos eventos de manera más efectiva.

Mejora del rendimiento: Atletas, artistas y profesionales a menudo utilizan la visualización positiva para mejorar su rendimiento. Practicar mentalmente una acción o tarea con éxito puede mejorar la confianza y el rendimiento real.

Construcción de autoconfianza: Visualizar situaciones en las que te sientes seguro y capaz puede aumentar tu autoestima y autoconfianza.

Cambio de hábitos: Imaginar con detalle cómo te comportarías de manera diferente en situaciones que involucran hábitos no deseados puede ayudarte a resistir la tentación y cambiar tus patrones.

Reducción del miedo: Visualizar enfrentar tus miedos y superarlos puede disminuir la intensidad de tus temores y permitirte enfrentar situaciones desafiantes.

Sal ya de tu zona de confort.

La clave para la visualización positiva efectiva es la vividez y el realismo. Cuanto más detalle puedas incorporar en tu imagen mental y cuantas más emociones positivas puedas asociar con ella, más poderosa será la influencia en tu estado mental y emocional.

Sin embargo, es importante recordar que la visualización positiva es una herramienta complementaria y no garantiza resultados instantáneos. Puede ser más efectiva cuando se combina con un esfuerzo consciente, acción y compromiso hacia los objetivos deseados.

Afirmaciones. Utilizar afirmaciones positivas puede ayudar a reforzar una actitud mental positiva. Repetir frases como "Soy capaz de superar cualquier obstáculo" puede tener un impacto positivo en el diálogo interno.

Apoyo social: Mantener una red de apoyo sólida, compuesta por amigos, familiares y profesionales de la salud mental, puede contribuir a un diálogo interno positivo. A veces, otras personas pueden proporcionar perspectivas objetivas y alentadoras.

Diálogo Interno. El diálogo interno se refiere a los pensamientos, creencias y conversaciones que tenemos con nosotros mismos en nuestra mente. Estos pensamientos pueden ser conscientes o subconscientes y tienen un impacto significativo en nuestras emociones, acciones y actitudes. El diálogo interno puede ser positivo o negativo, constructivo o destructivo, y puede influir en cómo percibimos y respondemos a situaciones en nuestra vida. Un diálogo

Sal ya de tu zona de confort.

interno positivo implica ser amable y compasivo contigo mismo, fomentar la autoconfianza y la autoestima, y desafiar los pensamientos negativos o autocríticos. La autoconciencia es fundamental para comprender cómo hablamos internamente y para cambiar patrones negativos en positivos. La reestructuración cognitiva, la práctica de afirmaciones positivas y la visualización son herramientas que se utilizan para mejorar el diálogo interno.

Adaptación al Cambio. La adaptación al cambio se refiere a la capacidad de ajustarse y hacer frente a nuevas circunstancias, situaciones o desafíos en la vida. El cambio es una constante en la vida, y nuestra habilidad para adaptarnos de manera saludable y efectiva es crucial para nuestro bienestar mental y emocional.

La adaptación al cambio implica flexibilidad mental, la capacidad de gestionar el estrés y la incertidumbre, y la disposición para aprender y crecer a través de las experiencias cambiantes. La resiliencia es una cualidad importante en este contexto, ya que implica recuperarse de situaciones adversas y salir fortalecido.

La adaptación exitosa al cambio a menudo implica mantener una actitud positiva, buscar el apoyo de otros y desarrollar nuevas habilidades para afrontar las nuevas circunstancias.

En resumen, el diálogo interno y la adaptación al cambio están estrechamente relacionados con nuestro bienestar emocional y nuestra capacidad para enfrentar los desafíos de la vida. Cultivar un diálogo interno positivo y desarrollar la habilidad de adaptación

Sal ya de tu zona de confort.

nos ayuda a navegar por las complejidades del cambio y a construir una mayor resiliencia mental.

Presente y futuro

El enfoque en el presente y el futuro es un aspecto clave en la búsqueda de un equilibrio entre vivir plenamente en el momento actual y planificar de manera efectiva para el futuro. Esta perspectiva abarca la capacidad de disfrutar y apreciar el aquí y ahora, mientras se establecen objetivos y se toman decisiones que repercutirán en el futuro. En última instancia, encontrar el equilibrio entre estos dos aspectos puede ser un camino hacia una vida más satisfactoria y significativa.

Viviendo en el Presente. Vivir en el presente se trata de estar consciente y comprometido con lo que está sucediendo en tu vida en este momento exacto. Esta mentalidad implica apreciar las pequeñas alegrías cotidianas, saborear experiencias y conectarte plenamente con las personas que te rodean. Practicar la atención plena es una forma efectiva de cultivar esta habilidad. Cuando estás en el presente, reduces la ansiedad sobre el futuro y el arrepentimiento por el pasado, lo que puede aumentar tu bienestar emocional.

El presente también es un espacio para el autodescubrimiento y el crecimiento personal. Explorar tus intereses, valores y pasiones actuales te permite crear una vida que se sienta auténtica y significativa en este momento. Aprecias tu propia evolución y te conectas con tus valores centrales.

Sal ya de tu zona de confort.

Planificación y Enfoque en el Futuro.

Si bien vivir en el presente es esencial, también es importante reconocer la importancia de planificar y prepararse para el futuro. Establecer objetivos y metas te brinda una dirección clara y un propósito para tu vida. Esto puede abarcar áreas como la educación, la carrera, las relaciones y el bienestar financiero. La planificación para el futuro implica tomar decisiones informadas y responsables en el presente que repercutirán positivamente en los años venideros. Esto podría incluir ahorrar dinero, invertir en tu educación o construir relaciones sólidas. Al ser consciente de tus aspiraciones y tomar medidas proactivas, puedes sentirte más seguro y preparado para enfrentar lo que viene.

Equilibrando el Presente y el Futuro.

Encontrar el equilibrio adecuado entre vivir en el presente y planificar para el futuro puede ser un desafío. Demasiado enfoque en el futuro puede generar ansiedad y perder la oportunidad de disfrutar las experiencias actuales. Demasiado enfoque en el presente podría llevar a la falta de preparación para las eventualidades y metas a largo plazo.

El equilibrio radica en cultivar la conciencia y la gratitud por el presente, al tiempo que estableces metas realistas y tomas medidas hacia el futuro. La clave está en ser flexible y adaptativo, permitiéndote cambiar tus objetivos a medida que tu vida evoluciona.

En última instancia, vivir en el presente mientras te preparas para el futuro puede brindarte una sensación de plenitud y propósito en todas las etapas de tu vida. Se trata de encontrar la armonía entre saborear el

Sal ya de tu zona de confort.

momento y crear un camino significativo hacia adelante.

CAPITULO 4

DE LA OSCURIDAD A LA LUZ ENCONTRANDO SIGNIFICADO

"La única cosa que se interpone entre tú y tu sueño es la voluntad de intentarlo y la creencia de que en realidad es posible." – Joel Brown

Sal ya de tu zona de confort.

Parece ser un título que sugiere un viaje emocional, espiritual o filosófico desde momentos difíciles y oscuros hacia la comprensión, la claridad y el sentido de la vida. Aunque no proporcionaste mucha información específica sobre lo que se trata, puedo darte una descripción general basada en la interpretación del título.

Esta frase evoca la idea de superar situaciones adversas, desafíos personales o momentos de confusión para finalmente encontrar un propósito o significado más profundo en la vida. Puede referirse a la búsqueda de respuestas a preguntas existenciales, el proceso de sanación después de una pérdida significativa o la exploración de la propia identidad y valores.

El viaje "de la oscuridad a la luz" puede ser metafórico, representando una transformación interna o un crecimiento personal. Las "sombras" pueden simbolizar momentos de tristeza, desesperación, confusión o incluso ignorancia. La "luz" podría representar la sabiduría, la verdad, la claridad mental o la positividad.

En este contexto, el proceso de encontrar "significado" podría referirse a descubrir un sentido más profundo en las experiencias de la vida, encontrar una dirección o propósito en medio de la adversidad y llegar a un lugar de paz interior y comprensión.

Este título también podría estar relacionado con la filosofía, la espiritualidad o la psicología, donde los individuos a menudo exploran cuestiones fundamentales sobre el sentido de la vida y la naturaleza del sufrimiento humano. A través de este viaje, podrían descubrir nuevas perspectivas, valores y formas de vivir más auténticas y significativas.

En resumen, "De la Oscuridad a la Luz: Encontrando Significado" se refiere a un proceso de transformación personal y búsqueda de propósito que implica superar desafíos emocionales y mentales para encontrar claridad y sentido en la vida. Puede tratarse de un tema universal y profundamente humano que se aborda en campos como la filosofía, la literatura, la psicología y la espiritualidad.

La búsqueda de lo trascendental.

Es una exploración filosófica y espiritual que busca comprender y conectarse con aspectos de la realidad que van más allá de lo meramente observable y material. Implica una búsqueda profunda de significado, propósito y conexiones más allá de los límites de la experiencia cotidiana. Esta búsqueda se extiende a través de diversas disciplinas, incluyendo la filosofía, la religión, la espiritualidad y la metafísica. Clave relacionados. Naturaleza de lo trascendental: Lo trascendental se refiere a lo que está más allá de los sentidos y la experiencia ordinaria. Puede manifestarse como lo divino, lo sagrado, lo espiritual o incluso como principios universales que van más allá de la realidad física.

La búsqueda de significado: La búsqueda de lo trascendental está intrínsecamente relacionada con la búsqueda de significado en la vida. Las personas buscan respuestas a preguntas fundamentales como: ¿Por qué estamos aquí? ¿Cuál es el propósito de la existencia? La exploración de lo trascendental puede proporcionar respuestas a estas preguntas. Diversidad de enfoques: se manifiesta de diversas formas en diferentes culturas y religiones. Desde la meditación y el yoga en el hinduismo y el budismo hasta las prácticas devocionales en el cristianismo y el islam, las tradiciones espirituales ofrecen caminos para acceder a lo trascendental.

Experiencias místicas: A menudo, está relacionada con experiencias místicas, momentos en los que las personas sienten una conexión directa con lo divino o lo sagrado. Estas experiencias pueden ser intensas y transformadoras, llevando a una comprensión más profunda de la realidad.

Conexión con lo eterno: Esto implica una búsqueda de lo eterno y lo atemporal. Se explora la posibilidad de que haya aspectos de la existencia que no estén limitados por el tiempo y el espacio, y que puedan trascender la vida individual.

Relación con la religión: Muchas religiones se centran en la búsqueda de lo trascendental. Creencias en un ser supremo, un orden cósmico o una realidad espiritual más allá de lo visible son elementos fundamentales en muchas tradiciones religiosas. Filosofía y espiritualidad: La búsqueda de lo trascendental también es un tema importante en la filosofía y la espiritualidad secular. Los filósofos han explorado la naturaleza de la realidad y la posibilidad de dimensiones más allá de lo empírico. Además, la espiritualidad secular busca formas de conexión trascendental sin necesariamente depender de sistemas religiosos. Significado personal: Cada individuo puede encontrar significado y propósito de manera única a través de su propia exploración y conexión con lo trascendental.

Transformación personal: Con frecuencia lleva a una transformación personal profunda. Las personas que se embarcan en este camino pueden experimentar un cambio en su perspectiva de la vida, una mayor comprensión de sí mismos y una apreciación más profunda de la interconexión de todas las cosas.

En resumen, la búsqueda de lo trascendental es una exploración profunda y multidimensional que abarca la filosofía, la religión y la espiritualidad. Implica la búsqueda de significado, conexiones más allá de lo material y una comprensión más profunda de la realidad y el propósito de la existencia humana.

La actitud y la disposición. Son dos elementos fundamentales que juegan un papel crucial en la forma en que enfrentamos los desafíos, alcanzamos metas y experimentamos el éxito en diferentes áreas de la vida. Estos dos aspectos están estrechamente relacionados entre sí y tienen un impacto significativo en nuestra

Sal ya de tu zona de confort.

forma de pensar, comportarnos y interactuar con el mundo que nos rodea. A continuación, exploraremos en profundidad cómo la actitud y la disposición influyen en nuestras vidas y por qué son esenciales para alcanzar nuestros objetivos.

La Actitud: La actitud se refiere a la manera en que percibimos y respondemos a situaciones, personas y eventos. Es una disposición mental y emocional que influye en nuestra perspectiva y en la forma en que nos relacionamos con lo que nos rodea. La actitud positiva se asocia con la apertura hacia nuevas oportunidades, la resiliencia frente a desafíos y la capacidad de mantener la motivación incluso en momentos difíciles. Algunas características de una actitud positiva incluyen el optimismo, la gratitud, la confianza en uno mismo y la voluntad de aprender de los fracasos.

La Disposición: Por otro lado, es la voluntad y la determinación que tenemos para abordar tareas, proyectos o metas específicas. Refleja nuestro nivel de compromiso, perseverancia y esfuerzo en la consecución de nuestros objetivos. Una disposición sólida implica estar dispuesto a invertir tiempo y energía en lo que hacemos, incluso cuando nos enfrentamos a dificultades o momentos de duda. Una disposición positiva se caracteriza por la tenacidad, la dedicación y la capacidad de superar obstáculos sin dejar que nos desanime.

La Relación entre Actitud y Disposición: La actitud y la disposición están estrechamente relacionadas. Una actitud positiva generalmente impulsa una disposición positiva hacia la vida y hacia nuestros objetivos. Cuando adoptamos una mentalidad optimista, es más probable que nos sintamos motivados y comprometidos en perseguir lo que nos proponemos. Por otro lado, una disposición decidida puede contribuir a fortalecer nuestra actitud, ya que el compromiso y la persistencia en nuestras acciones pueden influir en cómo vemos el mundo y cómo nos enfrentamos a los desafíos.

Importancia en el Logro de Objetivos.

Tanto la actitud como la disposición son cruciales para alcanzar nuestros objetivos. Una actitud positiva nos permite ver oportunidades donde otros podrían ver obstáculos insuperables. Nos ayuda a mantenernos enfocados en soluciones en lugar de problemas, lo que puede impulsar la creatividad y la innovación en nuestras estrategias. Además, una disposición sólida nos permite superar la procrastinación y la resistencia, lo que a menudo son obstáculos en el camino hacia el éxito. Cuando estamos dispuestos a invertir tiempo y esfuerzo consistente, tenemos más posibilidades de superar desafíos y alcanzar metas significativas.

La procrastinación. Es un desafío común que muchas personas enfrentan en su vida diaria. Se refiere a la tendencia a posponer tareas importantes o relevantes en favor de actividades más inmediatas o menos significativas. Superarla puede mejorar la productividad, reducir el estrés y permitir un mejor manejo del tiempo. Aquí tienes un extenso texto con estrategias efectivas para evitarla.

Comprender la Procrastinación: Para abordar eficazmente este tema es importante entender por qué ocurre la procrastinación, a menudo está relacionada

Sal ya de tu zona de confort.

con la evasión de tareas que pueden parecer abrumadoras, aburridas o estresantes. También puede estar relacionada con la falta de una estructura adecuada para abordar tareas y la búsqueda de gratificaciones instantáneas en lugar de recompensas a largo plazo.

Establece Metas Claras. Define metas específicas y desglosa las tareas en pasos más pequeños y manejables. Las metas claras proporcionan dirección y te ayudan a ver un camino más claro hacia la finalización de la tarea. Establecer metas claras es una habilidad esencial para lograr el éxito en cualquier aspecto de la vida. Las metas actúan como faros que nos guían hacia un destino deseado, proporcionando dirección, motivación y un sentido de propósito. Sin embargo, simplemente tener una idea vaga de lo que quieres lograr no es suficiente. Para convertir tus sueños en realidad, necesitas definir metas claras y específicas que te permitan medir tu progreso y mantener el enfoque en lo que realmente importa, pero algo que no puedes dejar pasar es la toma de acción, porque puedes planear mucho si no tomas acción se reducen que e exceso análisis genera parálisis, asi que tomo acción

Técnica Pomodoro. Esta técnica implica trabajar en una tarea durante un período de tiempo específico, generalmente 25 minutos, seguido de un breve descanso. Esta estructura puede aumentar la productividad en un mundo lleno de distracciones constantes y demandas interminables, la gestión efectiva del tiempo y la productividad personal se han convertido en habilidades esenciales para lograr el

Sal ya de tu zona de confort.

éxito en cualquier campo. Entre las diversas metodologías diseñadas para mejorar la eficiencia y el enfoque, destaca la Técnica Pomodoro. Inspirada en un temporizador de cocina con forma de tomate (pomodoro en italiano), esta técnica se ha convertido en un método popular para dividir el tiempo en intervalos cortos y enfocados, con el objetivo de optimizar la concentración, la productividad y el bienestar general.

Elimina Distracciones: En la era digital, donde las distracciones son abundantes y omnipresentes, encontrar formas efectivas de eliminarlas se ha convertido en un desafío esencial para lograr un alto nivel de concentración y productividad. La capacidad de mantener el enfoque en una tarea específica es fundamental para realizar un trabajo de calidad, completar proyectos y alcanzar metas personales y profesionales.

La epidemia de las distracciones.

Vivimos en un mundo en el que la información y el entretenimiento están disponibles al alcance de nuestros dedos. Mientras que la tecnología nos ha proporcionado innumerables beneficios, también ha llevado a una epidemia de distracciones que afecta negativamente nuestra capacidad de concentrarnos en tareas importantes. Notificaciones de teléfonos móviles, correos electrónicos constantes, redes sociales y otras distracciones digitales pueden interrumpir nuestra atención y fragmentar nuestro enfoque.

Identifica las distracciones comunes en tu entorno y busca formas de eliminarlas o reducirlas. Apaga las

Sal ya de tu zona de confort.

notificaciones del teléfono, cierra pestañas innecesarias en el navegador y crea un espacio de trabajo libre de distracciones.

Prioriza las Tareas: Utiliza técnicas como la matriz de Eisenhower para clasificar las tareas en función de su importancia y urgencia. Esto te ayudará a centrarte en lo que realmente importa y a evitar perder tiempo en tareas menos significativas.

Establece Plazos Realistas: Asigna plazos realistas a tus tareas y comprométete a cumplirlos. Establecer fechas límite puede aumentar la motivación y reducir la tendencia a posponer.

Encuentra Sentido y Significado: Conecta tus tareas con tus objetivos personales y profesionales. Comprender por qué una tarea es importante puede aumentar tu motivación para completarla a tiempo.

Visualiza el Éxito: Imagina cómo te sentirás una vez que hayas completado una tarea. Visualizar el resultado positivo puede aumentar tu compromiso y reducir la procrastinación.

Practica la Autocompasión: No te castigues por procrastinar. En cambio, sé amable contigo mismo y reconoce que todos enfrentamos momentos. Aprende de la experiencia y sigue adelante.

Divide Tareas en Pasos Pequeños: Si una tarea parece abrumadora, divídela en pasos más pequeños y manejables. Esto puede hacer que el proceso sea menos intimidante y más accesible.

Celebra los Logros Intermedios: Recompénsate por alcanzar hitos a lo largo del camino. Las recompensas pueden ser pequeñas, como un breve descanso o un momento para hacer algo que disfrutes.

Sal ya de tu zona de confort.

Crea un Entorno Productivo: Diseñando tu Espacio para la eficiencia y el Éxito.

El entorno en el que trabajamos y vivimos tiene un impacto profundo en nuestra productividad, creatividad y bienestar general. Diseñar un entorno productivo implica tomar medidas conscientes para crear un espacio que fomente la concentración, la eficiencia y la motivación. En este extenso texto, exploraremos cómo puedes crear un entorno que te empodere para alcanzar tus metas y llevar a cabo tus tareas de manera efectiva.

La Importancia del Entorno en la Productividad:

Nuestro entorno tiene una influencia significativa en nuestro estado mental y emocional. Un espacio desorganizado, ruidoso o caótico puede dificultar la concentración y disminuir la calidad de nuestro trabajo. Por otro lado, un entorno ordenado, tranquilo y diseñado de manera estratégica puede impulsar la creatividad, mejorar la concentración y aumentar la Organiza tu espacio de trabajo de manera que te motive a trabajar. Asegúrate de tener todo lo que necesitas al alcance de la mano para evitar excusas para posponer.

Establece Rutinas: Crear una rutina diaria o semanal puede ayudar a establecer un ritmo de trabajo constante. El hábito puede reducir la tentación de posponer.

Convierte la Tarea en un Juego: Haz que la tarea sea más atractiva al convertirla en un juego o un desafío. Esto puede aumentar tu compromiso y hacer que la tarea sea más divertida.

Busca Responsabilidad Externa: Comparte tus objetivos con amigos, familiares o colegas y pídeles

Sal ya de tu zona de confort.

que te ayuden a mantener la responsabilidad. Saber que alguien más está al tanto de tus metas puede motivarte a cumplirlas.

Aprende a Decir No: Evita sobrecargarte de tareas y compromisos. Aprende a decir no a las cosas que no se alinean con tus prioridades y objetivos.

Practica la Autorreflexión: Regularmente, tómate un tiempo para reflexionar sobre tus hábitos de trabajo y si estás cayendo en patrones de procrastinación.

Ajusta tu enfoque según sea necesario.

Encuentra Inspiración. Explorando las Fuentes de Creatividad y Motivación

La inspiración es el motor que impulsa la creatividad, la innovación y el crecimiento personal. Es el combustible que enciende la pasión y el deseo de crear, explorar y superar desafíos. Aunque la inspiración puede parecer misteriosa y a veces elusiva, existe un mundo de posibilidades para cultivarla y nutrirla. Tales como Generar ideas creativas en proyectos personales o profesionales.

Superar bloqueos creativos y encontrar soluciones innovadoras.

Mantener la motivación y la pasión por tus metas a largo plazo.

Enfrentar desafíos con una perspectiva renovada y positiva.

Comunicar tus ideas de manera efectiva a los demás.

La inspiración es un tesoro que puede enriquecer tu vida de muchas maneras. A medida que explores diversas fuentes de inspiración y apliques sus lecciones en tu vida, descubrirás un mundo lleno de

Sal ya de tu zona de confort.

posibilidades creativas y un sentido renovado de propósito. Mantén una mente abierta, busca conexiones significativas y cultiva la curiosidad; estos son los ingredientes clave para nutrir y mantener un flujo constante de inspiración en tu vida. Aprovecha esta fuente inagotable de energía y conocimiento para lograr tus metas y contribuir positivamente al mundo que te rodea.

La Naturaleza de la Inspiración.
La inspiración es un fenómeno fascinante que puede surgir de diferentes fuentes y experiencias. Puede provenir de observar la belleza de la naturaleza, escuchar una melodía conmovedora, leer una historia inspiradora o incluso de la conexión con otras personas. La inspiración no solo se limita a las artes creativas, también juega un papel crucial en la resolución de problemas, la toma de decisiones y el crecimiento personal.

Lee libros, artículos o escucha charlas que te motiven a ser más productivo y eficiente. La inspiración puede ayudarte a superar la tendencia a posponer.

Aprende de tus Errores: Si te encuentras procrastinando, en lugar de culparte a ti mismo, analiza por qué ocurrió. Identifica desencadenantes y busca formas de evitarlos en el futuro.

En última instancia, superar la procrastinación es un proceso gradual que requiere paciencia y práctica.

Implementar estas estrategias puede ayudarte a cultivar hábitos de trabajo más productivos, mejorar tu gestión del tiempo y alcanzar tus objetivos de manera más eficiente. Recuerda que cada pequeño paso hacia

Sal ya de tu zona de confort.

adelante cuenta y que la perseverancia es clave para vencer la procrastinación a largo plazo.

CAPITULO 5

CULTIVANDO EL BIENESTAR CUERPO Y ALMA

Sal ya de tu zona de confort.

La verdadera grandeza se manifiesta no solo en la manera en que enfrentamos el éxito, sino en cómo superamos los obstáculos." - Muhammad Ali
Cultivando **Bienestar: Cuerpo y Alma.**

Es un enfoque integral hacia el bienestar que busca equilibrar y fortalecer tanto el cuerpo como el alma. Este enfoque reconoce la interconexión entre la salud física y mental, y promueve prácticas y hábitos que contribuyen a una vida más saludable y satisfactoria. En el aspecto físico, se hace énfasis en la actividad física regular, la alimentación balanceada y nutritiva, el descanso adecuado y la atención a las necesidades del cuerpo. Esto puede incluir ejercicios variados, desde el yoga hasta el entrenamiento cardiovascular, así como una alimentación consciente que proporcione los

Sal ya de tu zona de confort.

nutrientes necesarios para el funcionamiento óptimo del cuerpo.

Por otro lado, en el aspecto del alma o la salud mental y emocional, se fomentan prácticas de cuidado personal como la meditación, el mindfulness y la gestión del estrés. Se busca crear un equilibrio emocional y una mentalidad positiva a través de la exploración interior y el cultivo de la autoconciencia. La conexión con la naturaleza, la expresión artística y las relaciones sociales también son elementos que se consideran esenciales para el bienestar del alma.

Mejorar el estrés y fomentar la relajación es esencial para mantener un equilibrio en la vida y cuidar tanto el cuerpo como el alma.

Prácticas de Respiración y Meditación: La respiración consciente y la meditación son herramientas poderosas para reducir el estrés. Dedica unos minutos al día para sentarte en un lugar tranquilo, cierra los ojos y enfoca tu atención en tu respiración. Inhalando profundamente y exhalando lentamente, puedes calmar tu sistema nervioso y sentirte más relajado/a. La meditación guiada también es útil, ya que te ayuda a desconectar de las preocupaciones diarias y a encontrar un espacio de calma interior.

Yoga y Estiramientos: La práctica regular de yoga no solo mejora la flexibilidad y fortaleza física, sino que también ayuda a reducir el estrés. Las posturas de yoga combinadas con la respiración consciente liberan tensiones en el cuerpo y promueven la relajación mental. Realizar estiramientos simples también puede hacer maravillas para aliviar el estrés acumulado en los músculos.

Sal ya de tu zona de confort.

Disfruta de Tiempo en la Naturaleza: Pasar tiempo al aire libre y en contacto con la naturaleza tiene un efecto rejuvenecedor en el cuerpo y el alma. Caminar por un parque, practicar senderismo en el campo o simplemente sentarte en un jardín puede calmar la mente y reducir la ansiedad.

Baños Relajantes: Tomarse un tiempo para disfrutar de un baño relajante puede ser una forma efectiva de liberar el estrés. Agregar sales de baño, aceites esenciales o velas aromáticas puede crear un ambiente tranquilo y propicio para la relajación.

Escuchar Música Relajante: La música tiene un poderoso impacto en el estado de ánimo. Escuchar música suave y relajante puede disminuir los niveles de estrés y promover la calma. Crea una lista de reproducción con tus canciones favoritas para momentos de relajación.

Gestión del Tiempo: Organizar tu tiempo de manera efectiva puede reducir la sensación de estar abrumado/a. Establece prioridades, planifica tus actividades y recuerda dejar tiempo para el descanso y el autocuidado.

Conexiones Sociales y Apoyo: Mantener apoyo emocional en amigos y seres queridos puede ser una excelente manera de reducir el estrés. Compartir tus preocupaciones y sentimientos con alguien de confianza puede aliviar la carga emocional. Hobbies y Actividades Creativas: Dedicar tiempo a actividades que te apasionen, como la pintura, la escritura, la jardinería o cualquier otro hobby, puede proporcionar una vía de escape positiva y relajante. Limitar la Exposición a Estímulos Estresantes: Reduce la exposición a noticias y situaciones estresantes cuando sea posible. Establece límites en el uso de dispositivos

Sal ya de tu zona de confort.

electrónicos y redes sociales para dar espacio a momentos de tranquilidad.

Masajes y Terapias Corporales: Un masaje terapéutico o una terapia de relajación como el masaje aromaterapéutico puede liberar tensiones acumuladas en los músculos y brindarte un tiempo de relajación profunda.

Recuerda que cada persona es única, por lo que es importante explorar diferentes enfoques y descubrir cuáles funcionan mejor para ti. Integrar estas prácticas en tu rutina diaria te ayudará a manejar el estrés de manera más efectiva y a fomentar un sentido duradero de relajación y bienestar.

La práctica de la Gratitud. Es una herramienta poderosa para cultivar una mentalidad positiva y fomentar el bienestar emocional.

Diario de Gratitud: Mantén un diario de gratitud en el que escribas cada día tres cosas por las que te sientes agradecido/a. Pueden ser cosas grandes o pequeñas, desde un amanecer hermoso hasta un gesto amable de un amigo. Al despertar por la mañana, antes de comenzar tu día, toma unos minutos para recordar algunas cosas por las que te sientes agradecido/a. Esto puede establecer un tono positivo para el resto del día. Puedes empezar escribiendo me siento agradecido/a por..... y pon el por qué te sientes así, de esta forma estarás abriéndote al universo para recibir más de lo mismo.

Gratitud en las Relaciones: La gratitud en las relaciones es una cualidad fundamental que fortalece los vínculos interpersonales y contribuye a un ambiente de amor, respeto y apoyo mutuo. Se trata de reconocer y valorar

Sal ya de tu zona de confort.

las contribuciones y bondades de las personas que forman parte de nuestra vida, ya sean amigos, familiares, parejas o colegas. La práctica constante de la gratitud en las relaciones puede generar una atmósfera positiva y enriquecedora.

En esencia, la gratitud en las relaciones implica: Reconocimiento Positivo: Se trata de observar y valorar las cualidades y acciones positivas de las personas en tu vida. Reconocer sus esfuerzos, gestos amables y cualidades únicas.

Expresión Sincera: La gratitud no solo debe ser sentida, sino también expresada. Decir "gracias" de manera sincera y expresar tu aprecio por lo que otros hacen por ti crea un lazo emocional más fuerte.

Generosidad Emocional: Al manifestar gratitud, estás ofreciendo una forma de generosidad emocional. Esta generosidad fomenta una dinámica en la que las personas se sienten valoradas y queridas.

Fortalecimiento de Vínculos: Cuando demuestras gratitud, estás fortaleciendo los vínculos con los demás. Las relaciones sólidas se basan en la confianza, el respeto y la apreciación mutua.

Amplificación de lo Positivo: La gratitud en las relaciones enfoca la atención en lo positivo, lo que puede ayudar a contrarrestar las tensiones y desafíos que puedan surgir en las interacciones diarias. Ciclo Positivo: La gratitud puede desencadenar un ciclo positivo. Cuando alguien se siente apreciado, es más propenso a continuar brindando su apoyo y afecto, creando así un círculo virtuoso de gratitud y reciprocidad.

Resolución de Conflictos: Practicar la gratitud puede mejorar la comunicación y facilitar la resolución de

Sal ya de tu zona de confort.

conflictos. Enfocarse en lo que valoras en la otra persona puede ayudar a reducir la hostilidad y fomentar la comprensión.

Promoción del Bienestar: Las relaciones en las que se practica la gratitud tienden a promover un mayor bienestar emocional. Sentirse valorado y apreciado contribuye a una sensación de satisfacción y felicidad. Elevación de la Autoestima: Tanto el expresar como el recibir gratitud pueden elevar la autoestima de las personas involucradas. Saber que eres importante para otros refuerza la propia imagen positiva. Creación de Recuerdos Significativos: La gratitud crea recuerdos emocionales significativos. Las expresiones de gratitud pueden quedar arraigadas en la memoria y enriquecer las narrativas de las relaciones.

La práctica de la gratitud en las relaciones requiere conciencia y esfuerzo, pero puede tener un impacto profundo y duradero en la calidad de las conexiones humanas. Ya sea a través de pequeños gestos cotidianos o expresiones más formales de agradecimiento, cultivar la gratitud en las relaciones puede enriquecer la vida de todas las personas involucradas.

Expresa tu gratitud hacia las personas que te rodean. Puede ser en forma de palabras, notas escritas o pequeños gestos de aprecio. Reconocer lo que otros hacen por ti fortalece las conexiones y genera un ciclo de positividad.

Gratitud por los Desafíos: Aprende a ver los desafíos como oportunidades de crecimiento. Incluso en momentos difíciles, trata de encontrar aspectos positivos o lecciones que puedas extraer. Esto puede cambiar tu perspectiva y fortalecer tu resiliencia.

Sal ya de tu zona de confort.

Practicar la Gratitud en la Meditación: Durante tus sesiones de meditación, dedica unos minutos a enfocarte en la gratitud. Visualiza las cosas por las que estás agradecido/a y permite que esa sensación te inunde.

Observación Consciente: A lo largo del día, detente ocasionalmente y observa tu entorno. Nota las pequeñas cosas que a menudo pasan desapercibidas, como el aroma de las flores, la sonrisa de un desconocido o el calor del sol en tu piel.

Grupos de Gratitud: Únete a grupos de gratitud en línea o en tu comunidad local. Compartir tus experiencias y escuchar las de otros puede ser inspirador y te recordará las muchas cosas buenas que tienes en tu vida.

Gratitud antes de Dormir: Antes de acostarte, cierra tus ojos y reflexiona sobre las experiencias y momentos por los que estás agradecido/a durante el día. Esto puede ayudarte a cerrar el día con una sensación de satisfacción y paz.

Cultivar la Gratitud en las Adversidades: En momentos difíciles, busca aspectos por los que puedas sentir gratitud. Esto no minimiza tus desafíos, pero puede ayudarte a encontrar aspectos positivos incluso en situaciones complicadas.

Enfoque en las Relaciones: Expresa directamente a las personas importantes en tu vida lo agradecido/a que estás por su presencia y apoyo constante. Esto puede fortalecer tus lazos emocionales.

La práctica de la gratitud puede influir positivamente en tu perspectiva general de la vida y mejorar tu bienestar emocional. Al enfocarte en lo que tienes en lugar de lo

Sal ya de tu zona de confort.

que te falta, puedes crear un sentido más profundo de
satisfacción y alegría en tu día a día.

CAPITULO 6

Sal ya de tu zona de confort.

MAS ALLÁ DE LA RESILIENCIA ABRAZANDO UN FUTURO FUERTE

La educación es el arma más poderosa que puedes usar para cambiar el mundo." - Nelson Mandela

Sal ya de tu zona de confort.

Más allá de la resiliencia: Abrazando un futuro fuerte que sugiere un enfoque en la superación de la adversidad y la construcción de un futuro sólido y prometedor. Parece sugerir que la resiliencia es solo un punto de partida y que hay más pasos importantes para tomar en la búsqueda de la fortaleza y la prosperidad.

Este enfoque podría implicar no solo la capacidad de recuperarse de los desafíos, sino también la capacidad de anticiparlos y prepararse para ellos.

En lugar de simplemente reaccionar ante las dificultades, podría enfocarse en la prevención y la planificación proactiva para evitar problemas en primer lugar.

Además, este enfoque podría abordar la idea de que la fortaleza va más allá de la resistencia mental y emocional. Podría explorar cómo la fortaleza se manifiesta en todas las áreas de la vida, incluidas las relaciones personales, la salud física, el desarrollo profesional y más.

También sugiere una actitud positiva hacia el futuro, resaltando la idea de "abrazar" un futuro fuerte en lugar de simplemente enfrentarlo. Esto podría significar adoptar una mentalidad de crecimiento y oportunidad, buscando activamente formas de mejorar y fortalecerse en todas las áreas de la vida.

Sal ya de tu zona de confort.

Posibilidades Sin Límites. Es un concepto que evoca la idea de que las oportunidades y potenciales en la vida son vastos y no están restringidos por barreras preexistentes. Esto nos inspira a las personas a creer en su capacidad para lograr cosas que podrían parecer inicialmente inalcanzables. Nos recuerda que el único límite real para lo que podemos lograr es nuestra propia mente, la percepción y determinación Que tengamos. La basta noción de Posibilidades Sin Límites invita a las personas a romper con las limitaciones autoimpuestas y a abrazar una mentalidad de crecimiento. Se trata de superar el miedo al fracaso y la resistencia al cambio, y en su lugar, explorar nuevos horizontes, buscar soluciones creativas y perseguir sueños audaces.

Esta filosofía no niega la existencia de desafíos y dificultades, pero sugiere que, con enfoque, esfuerzo y determinación, incluso los desafíos más grandes pueden ser superados.

Cuando nos liberamos de la creencia de que estamos limitados por lo que creemos que es imposible, abrimos la puerta a oportunidades que de otro modo podríamos haber pasado por alto.

En la vida cotidiana las posibilidades pueden aplicarse en diversos aspectos. Puede inspirar a individuos a buscar nuevas carreras, explorar campos desconocidos, establecer metas ambiciosas y enfrentar sus miedos con valentía. Los seres humanos poseen una amplia gama de potenciales innatos que los capacitan para alcanzar logros notables en diversas áreas de la vida.

Sal ya de tu zona de confort.

Estos potenciales se derivan de la interacción compleja entre nuestras capacidades mentales, emocionales y físicas.

Creatividad e Innovación: La capacidad de crear nuevas ideas, enfoques y soluciones es una característica distintiva de los seres humanos. A través de la creatividad, podemos abordar problemas desde ángulos inusuales y dar forma a proyectos únicos en campos como el arte, la tecnología, la ciencia y el diseño.

Inteligencia y Aprendizaje: Nuestra capacidad para aprender, comprender y aplicar conocimientos es asombrosa. Los seres humanos tienen la capacidad de adquirir información, resolver problemas complejos y adaptarse a nuevos entornos con una rapidez excepcional.

También puede influir en la forma en que enfrentamos las dificultades personales, fomentando la perseverancia y la creatividad en la resolución de problemas.

Esta perspectiva también se refleja en la historia de los logros humanos. Muchos avances y descubrimientos significativos en la ciencia, la tecnología, el arte y otros campos surgieron de la voluntad de las personas de creer en las posibilidades sin límites y persistir a pesar de los obstáculos.

Posibilidades Sin Límites esta al nuestro alcance si asi lo deseas y esto nos recuerda que nuestras percepciones y creencias pueden ser las únicas cosas que limitan nuestro potencial. Al adoptar una mentalidad de apertura, perseverancia y audacia, podemos desafiar lo que creemos que es imposible y descubrir nuevas formas de crecer, aprender y alcanzar nuestras metas más allá de lo que alguna vez imaginamos.

La pasión y la motivación. Son fuerzas internas profundas que impulsan a los seres humanos a perseguir sus objetivos con determinación y entusiasmo. Son las chispas que encienden el fuego de la acción y desempeñan un papel fundamental en el logro de logros significativos en todas las áreas de la vida. Esta combinación poderosa de emociones y energía impulsa a las personas a superar obstáculos, persistir en momentos difíciles y perseguir sus sueños con convicción.

La pasión se refiere a una profunda conexión emocional y compromiso con una actividad, objetivo o causa. Cuando alguien se siente apasionado por algo, se compromete plenamente, experimentando un nivel de involucramiento y entusiasmo que va más allá de la simple obligación. La pasión no solo genera un sentido de propósito, sino que también alimenta una sensación de satisfacción intrínseca al trabajar hacia algo que resuena con los valores y aspiraciones personales. La motivación, por otro lado, se refiere a las razones y deseos que impulsan a una persona a tomar acción. Puede ser intrínseca (proveniente del interior, como la satisfacción personal) o extrínseca (influenciada por factores externos, como recompensas tangibles). La motivación proporciona la energía necesaria para superar la procrastinación, enfrentar dificultades y persistir en el camino hacia un objetivo.

Sal ya de tu zona de confort.

La interacción entre la pasión y la motivación es dinámica y poderosa. Cuando alguien está verdaderamente apasionado por algo, esa pasión a menudo se convierte en la fuente principal de su motivación. La pasión genera un impulso interior que actúa como un motor constante de energía y esfuerzo. Las personas apasionadas están dispuestas a dedicar tiempo y energía extra, incluso cuando enfrentan obstáculos, porque su amor por lo que hacen los impulsa a seguir adelante.

La pasión y la motivación son esenciales para el logro de metas a largo plazo. Cuando alguien está genuinamente apasionado por un objetivo, se vuelve más resistente a la adversidad.

Los desafíos son vistos como oportunidades para crecer y aprender en lugar de obstáculos insuperables. La pasión también contribuye a la creatividad y la innovación, ya que las personas están más dispuestas a explorar diferentes enfoques y encontrar soluciones únicas.

Cultivar la pasión y la motivación implica conectarse con los aspectos emocionales de lo que se está haciendo. Identificar y comprometerse con objetivos que resuenen con los valores personales y despierten la pasión es esencial. Además, establecer metas claras y celebrar los logros a lo largo del camino puede alimentar la motivación al proporcionar un sentido de progreso y satisfacción.

La pasión y la motivación son fuerzas internas que desencadenan el potencial humano para perseguir y

Sal ya de tu zona de confort.

lograr logros significativos. Alimentan la dedicación, la resiliencia y el entusiasmo, creando un sentido profundo de propósito en la vida. Cuando se combinan, la pasión y la motivación pueden convertirse en poderosos motores que impulsan a las personas a superar desafíos y alcanzar alturas que antes podrían haber parecido inalcanzables

La curiosidad y la búsqueda de conocimiento. Son pilares fundamentales de la experiencia humana, impulsando la exploración, el descubrimiento y el crecimiento intelectual. Estas cualidades inherentes a los seres humanos son las que nos han permitido avanzar en todas las áreas del conocimiento y la comprensión, desde la ciencia y la tecnología hasta el arte y la filosofía. La curiosidad es el motor que nos lleva a hacer preguntas, a cuestionar lo que conocemos y a desear descubrir lo desconocido.

La curiosidad puede describirse como una inquietud intelectual, un deseo innato de aprender, explorar y comprender. Es el impulso de mirar más allá de lo evidente y de profundizar en lo que yace bajo la superficie. Es la chispa que nos lleva a cuestionar cómo funcionan las cosas, por qué suceden ciertos eventos y qué posibilidades existen más allá de nuestro alcance actual.

La búsqueda de conocimiento, impulsada por la curiosidad, ha sido la fuerza detrás de los avances más significativos en la historia de la humanidad. Desde los primeros exploradores que navegaron mares desconocidos hasta los científicos que desentrañaron las leyes fundamentales del universo, cada paso hacia adelante se basó en el deseo de comprender más profundamente el mundo que nos rodea.

La curiosidad y la búsqueda de conocimiento no se limitan a campos específicos; son universales en su alcance. Desde la infancia, los seres humanos manifiestan un deseo natural de aprender y explorar. Esta cualidad puede mantenerse y nutrirse a lo largo de toda la vida. La educación formal proporciona una estructura para fomentar la curiosidad, pero la autodidactia y la exploración personal también son poderosas formas de cultivarla.

La curiosidad no solo está relacionada con la adquisición de datos y hechos, sino también con la capacidad de formular preguntas significativas y aplicar el pensamiento crítico. Pregunta "¿por qué?" es el punto de partida para profundizar en cualquier tema. La voluntad de cuestionar las suposiciones y explorar múltiples perspectivas es lo que lleva a nuevas ideas y descubrimientos.

En la era actual, la curiosidad y la búsqueda de conocimiento se ven respaldadas por una amplia gama de recursos, desde bibliotecas y aulas hasta internet y herramientas de comunicación. La posibilidad de aprender de expertos en todo el mundo y acceder a información en tiempo real ha ampliado enormemente las oportunidades de exploración y descubrimiento.

Fomentar la curiosidad y la búsqueda de conocimiento implica mantener una mente abierta y estar dispuesto a cuestionar lo que se da por sentado. Implica la voluntad de enfrentar desafíos intelectuales y de

Sal ya de tu zona de confort.

mantener un sentido de asombro y maravilla ante el mundo que nos rodea. La curiosidad y la búsqueda de conocimiento no solo enriquecen nuestras vidas individualmente, sino que también contribuyen al progreso de la sociedad en su conjunto.

Son motores esenciales de la experiencia humana. Son cualidades que nos desafían a ir más allá de lo conocido, a explorar lo desconocido y a buscar constantemente un mayor entendimiento. La curiosidad es el catalizador de las preguntas audaces y la búsqueda de conocimiento es el viaje que nos lleva a respuestas y descubrimientos que transforman nuestra comprensión del mundo y de nosotros mismos.

Trascendiendo Límites y Alcanzando Metas

La historia de la humanidad está repleta de ejemplos de individuos y colectivos que han desafiado los límites convencionales y han alcanzado metas que parecían imposibles. Este viaje hacia la trascendencia y el logro va más allá de los confines de lo cotidiano, encendiendo la llama de la ambición y demostrando que, con determinación y voluntad, no hay frontera insuperable.

Más Allá de lo Conocido: El acto de trascender límites comienza con el deseo de explorar lo desconocido. Implica desafiar la comodidad de la familiaridad y aventurarse hacia terrenos inexplorados. Ya sea en la ciencia, el deporte, el arte o cualquier otro campo, la curiosidad y el deseo de superar barreras son los

Sal ya de tu zona de confort.

motores que impulsan a las personas a buscar nuevos horizontes.

Rompiendo las Cadenas de la Duda. Uno de los mayores obstáculos en el camino hacia la trascendencia es la duda interna y externa. La sociedad a menudo establece límites basados en el status quo, y nuestras propias voces internas pueden susurrarnos que ciertas metas son inalcanzables. Sin embargo, aquellos que trascienden límites reconocen estas voces y eligen creer en su capacidad para superarlas.

La Determinación como Motor. La determinación es un catalizador poderoso en la búsqueda de trascender límites. Es la fuerza que permite a las personas enfrentar la adversidad, persistir en medio de los desafíos y perseverar cuando el camino se vuelve difícil. Esta determinación no se alimenta solo del éxito, sino también de los reveses, convirtiendo los obstáculos en escalones hacia la cima.

Los Desafíos como Oportunidades. Los desafíos son pruebas cruciales en el viaje hacia la trascendencia. Aunque a menudo son vistos como obstáculos, también son oportunidades para demostrar la resiliencia, la creatividad y la innovación. Cada desafío superado no solo acerca a uno a la meta, sino que también enriquece la experiencia y el aprendizaje.

Creando un Legado. Trascender límites no es solo para el individuo, sino que también deja una huella duradera en la historia. Aquellos que han desafiado lo imposible inspiran a las generaciones futuras a soñar en grande y a perseguir sus propias metas audaces. El legado de aquellos que trascienden límites es una celebración de

Sal ya de tu zona de confort.

la capacidad humana para alcanzar lo inalcanzable. La Mentalidad como Clave. La mentalidad juega un papel crucial en la trascendencia de límites. Una mentalidad de crecimiento ve los desafíos como oportunidades de aprendizaje y está dispuesta a enfrentar lo desconocido con valentía. En contraste, una mentalidad fija se detiene ante los obstáculos y se aferra a la seguridad de lo familiar. El Placer del Progreso. En el camino hacia la trascendencia, cada pequeño paso hacia adelante se convierte en un motivo de celebración. El proceso de crecimiento y desarrollo personal se vuelve gratificante en sí mismo. Cada avance, por pequeño que sea, representa un paso más cerca de la cima y refuerza la confianza en la capacidad de superar desafíos.

El Ciclo Continuo. La trascendencia de límites es un ciclo continuo, ya que cada meta alcanzada se convierte en un punto de partida para nuevos desafíos. La voluntad de trascender límites se convierte en un estilo de vida, una actitud que impulsa a las personas a explorar constantemente sus propios límites y a descubrir nuevas posibilidades. La trascendencia de límites es la historia de la humanidad misma, un relato de lucha, coraje y triunfo sobre la adversidad. A medida que continuamos empujando los límites de lo posible, demostramos que el potencial humano es ilimitado y que el espíritu humano es capaz de lograr hazañas que una vez se consideraron fuera de alcance.

Sal ya de tu zona de confort.

CAPITULO 7

CONQUISTANDO EL MIEDO

"No podemos resolver nuestros problemas pensando de la misma manera que cuando los creamos." - Albert Einstein.

Conquistando el Miedo a lo Desconocido. Un Viaje hacia la Exploración y el Crecimiento Personal.

El miedo a lo desconocido es una emoción que ha acompañado a la humanidad a lo largo de la historia. Desde la infancia, aprendemos a temer aquello que no comprendemos o que está fuera de nuestra zona de confort. Este miedo puede manifestarse de diferentes maneras, el temor a tomar decisiones arriesgadas, a enfrentar situaciones nuevas o a emprender caminos poco familiares. Sin embargo, superar este miedo es esencial para el crecimiento personal y el descubrimiento de nuevas oportunidades en la vida. El primer paso para conquistar el miedo a lo desconocido es reconocer su presencia en nuestra vida. A menudo, este miedo surge como una respuesta natural a la incertidumbre. La mente humana tiende a preferir lo conocido, ya que lo conocido se asocia con seguridad y previsibilidad. Sin embargo, la vida está llena de posibilidades desconocidas que pueden enriquecer nuestra experiencia si nos atrevemos a explorarlas.

Una vez que hemos reconocido el miedo, es importante cuestionar su validez. ¿Qué es lo peor que podría suceder si nos aventuramos hacia lo desconocido? A menudo, nos damos cuenta de que nuestras preocupaciones son exageradas y que las posibles consecuencias negativas no son tan graves como las imaginamos.

Sal ya de tu zona de confort.

Además, es útil recordar que muchas de las experiencias más gratificantes y significativas de la vida provienen de adentrarnos en lo desconocido. La educación y la información también son poderosas herramientas para superar el miedo a lo desconocido. Investiga y aprende todo lo que puedas sobre lo que te preocupa. El conocimiento te brindará confianza y te ayudará a tomar decisiones más informadas. Ya sea aprender sobre un nuevo campo profesional, explorar un lugar desconocido o sumergirse en una actividad creativa, la información te empodera para enfrentar lo desconocido con valentía.

La autoconfianza juega un papel crucial en la superación del miedo a lo desconocido. Creer en tus habilidades y en tu capacidad para adaptarte a nuevas situaciones es fundamental. Recuerda momentos en tu vida en los que has enfrentado lo desconocido y has salido exitoso. Utiliza esos recuerdos como prueba de tu resiliencia y habilidades.

La visualización positiva es otra técnica poderosa. Imagina el resultado exitoso de enfrentar lo desconocido. Visualiza cómo te sientes después de haber superado el miedo y explorado nuevas oportunidades. Este ejercicio mental puede ayudarte a crear una mentalidad positiva y prepararte mentalmente para afrontar lo desconocido.

La acción valiente es el paso final y más importante. Aunque la teoría y la preparación son valiosas, la verdadera transformación ocurre cuando te enfrentas directamente a lo desconocido. Comienza con pequeños pasos. Poco a poco, a medida que te expones más a lo desconocido, te vuelves más cómodo y seguro en situaciones nuevas. El verdadero éxito yace al otro lado del miedo.

En última instancia, conquistar el miedo a lo desconocido es un proceso gradual que requiere paciencia y autocompasión. Celebrar cada pequeño paso y cada logro te ayudará a fortalecer tu confianza en ti mismo. A medida que te enfrentas repetidamente a lo desconocido, construyes una mentalidad resiliente y abierta, lo que te permite abrazar nuevas oportunidades con entusiasmo en lugar de temor. Al final, descubrirás que la vida fuera de tu zona de confort es un lugar emocionante y lleno de posibilidades infinitas.

Desafiar las Creencias Limitantes. Liberando tu Verdadero Potencial

Las creencias limitantes son como sombras que se proyectan sobre nuestra mente, limitando nuestra percepción de lo que somos capaces de lograr. Estas creencias arraigadas, a menudo formadas por experiencias pasadas, influencias sociales y autocrítica, pueden impedirnos alcanzar nuestros objetivos y vivir una vida plena. Sin embargo, desafiar y superar estas creencias limitantes es un camino hacia la autolibertad y el crecimiento personal. Exploraremos un poco cómo puedes desafiar esas creencias y abrirte a un mundo de posibilidades ilimitadas.

El primer paso para desafiar las creencias limitantes es reconocer que existen. A menudo, estas creencias operan en un nivel subconsciente, influyendo en

Sal ya de tu zona de confort.

nuestras acciones y decisiones sin que nos demos cuenta. Tomarse el tiempo para reflexionar sobre pensamientos autocríticos o auto descalificadores puede revelar las creencias que nos están frenando. Una vez identificadas, es crucial cuestionar la veracidad de estas creencias. ¿En qué evidencia sólida se basan? ¿Son simples suposiciones o juicios precipitados? El proceso de cuestionamiento nos permite examinar nuestras creencias desde una perspectiva objetiva y despojarlas de su poder paralizante.

Las creencias limitantes a menudo tienen raíces en experiencias pasadas. Explorar la historia detrás de estas creencias puede ayudarnos a entender por qué las tenemos y cómo han influido en nuestra percepción actual de nosotros mismos. Al comprender los orígenes, podemos comenzar a liberarnos de su control.

Reemplazando con Creencias Empoderadoras.

Nuestra mente es un lienzo en constante evolución, donde las creencias forman el tejido mismo de nuestra realidad. Las creencias empoderadoras son como destellos de luz que pueden iluminar nuestro camino hacia el crecimiento personal y la realización. Al reemplazar las creencias limitantes con estas creencias poderosas, podemos desencadenar una transformación profunda en nuestra forma de pensar, sentir y actuar. Este proceso requiere autoconciencia, dedicación y el compromiso de desafiar el statu quo de nuestra narrativa interna.

Sal ya de tu zona de confort.

En el corazón de reemplazar las creencias limitantes yacen la autenticidad y la autoaceptación. A menudo, las creencias limitantes se arraigan en la comparación con los demás y en la crítica autodestructiva. Reconocer que cada uno de nosotros es único y valioso es el primer paso para cultivar creencias empoderadoras.

Desafiar las creencias limitantes implica reemplazarlas conscientemente con creencias más positivas. Esto no significa simplemente decir palabras vacías, sino cultivar creencias que estén respaldadas por evidencia de tus logros y capacidades. Enfócate en tus fortalezas y en momentos en los que has superado desafíos. Autoafirmaciones Positivas Nuestra mente es un lienzo en constante evolución, donde las creencias forman el tejido mismo de nuestra realidad. Las creencias empoderadoras son como destellos de luz que pueden iluminar nuestro camino hacia el crecimiento personal y la realización. Al reemplazar las creencias limitantes con estas creencias poderosas, podemos desencadenar una transformación profunda en nuestra forma de pensar, sentir y actuar. Este proceso requiere autoconciencia, dedicación y el compromiso de desafiar el statu quo de nuestra narrativa interna. En el corazón de reemplazar las creencias limitantes yacen la autenticidad y la autoaceptación. A menudo, las creencias limitantes se arraigan en la comparación con los demás y en la crítica autodestructiva. Reconocer que cada uno de nosotros es único y valioso es el primer paso para cultivar creencias empoderadoras.

El proceso de reemplazo implica un viaje de exploración interna: Autoevaluación Honestidad

Sal ya de tu zona de confort.

Empieza por identificar las creencias limitantes que has sostenido durante mucho tiempo. ¿Cuáles son las áreas de tu vida donde sientes que no eres lo suficientemente bueno? Estas creencias pueden estar relacionadas con tus habilidades, tu apariencia, tus capacidades o tus relaciones. La autoevaluación honesta es el cimiento sobre el cual construirás nuevas creencias.

Cuestionamiento Reflexivo

Una vez que hayas identificado tus creencias limitantes, cuestiónalas. Examina las pruebas que respaldan o contradicen estas creencias. Pregunta a ti mismo si estas creencias son absolutamente ciertas o si son construcciones subjetivas. Este proceso de cuestionamiento te ayudará a debilitar la influencia de las creencias limitantes.

Creación de Creencias Empoderadoras

Con las creencias limitantes bajo escrutinio, es hora de construir creencias empoderadoras. Estas nuevas creencias deben ser afirmativas, realistas y respaldadas por pruebas tangibles. Por ejemplo, si antes creías que no eras lo suficientemente creativo, podrías reemplazarlo con "Soy capaz de generar ideas creativas que aportan valor".

Repetición y Reforzamiento

El proceso de reemplazo no ocurre de la noche a la mañana. Repetir las creencias empoderadoras es esencial. Incorpora estas afirmaciones en tu rutina diaria. Puedes escribirlas, decirlas en voz alta o reflexionar sobre ellas durante la meditación. A medida que las repites, tu mente comenzará a aceptarlas como verdaderas.

Sal ya de tu zona de confort.

Actuación Basada en Nuevas Creencias

Las creencias empoderadoras deben ser el motor de tus acciones. Utiliza estas creencias como guía para enfrentar desafíos y tomar decisiones. Si antes evitabas situaciones sociales debido a la creencia de que eras "tímido e inepto", ahora puedes usar la creencia empoderadora para motivarte a socializar y conectarte con los demás. Celebración de Pequeños Logros

Cada paso hacia la internalización de las creencias merece celebración. Celebra cada vez que actúas en línea con estas nuevas creencias. Reconoce tus logros, por pequeños que sean. Estas celebraciones refuerzan la conexión entre tus acciones y tus creencias.

Conclusión reemplazar las creencias limitantes con creencias empoderadoras es un proceso que puede transformar profundamente la forma en que te ves a ti mismo y al mundo que te rodea. Se trata de tomar el control de tu narrativa interna y crear una base sólida para el crecimiento personal. Al desafiar tus creencias arraigadas y reemplazarlas con pensamientos positivos y realistas, puedes liberar tu verdadero potencial y vivir una vida más auténtica y satisfactoria. Recuerda que eres el autor de tu propia historia y tienes el poder de redefinir tu narrativa interna de manera positiva y empoderadora.

Afirmaciones Positivas. Transformando la Mente y el Corazón

En el vasto paisaje de la mente humana, las afirmaciones positivas son como semillas que, cuando

Sal ya de tu zona de confort.

se plantan con cuidado y se nutren adecuadamente, florecen en pensamientos, emociones y acciones fructíferas. Estas afirmaciones son más que simples palabras; son herramientas poderosas para remodelar la narrativa interna que nos guía a través de la vida. Al adoptar y practicar afirmaciones positivas, podemos reprogramar nuestro pensamiento, fortalecer nuestra autoestima y liberar nuestro potencial latente.

El Poder de las Palabras

Las palabras que elegimos para describirnos a nosotros mismos y nuestras circunstancias tienen un impacto profundo en nuestra realidad. Las afirmaciones positivas son una forma deliberada de utilizar el lenguaje para cultivar una mentalidad positiva y optimista. Estas afirmaciones son declaraciones que refuerzan nuestras fortalezas, valores y aspiraciones, contrarrestando los pensamientos autocríticos y limitantes.

Reemplazando la Negatividad

La autocrítica y la duda son visitantes persistentes en la mente de muchos. A menudo, estas voces internas negativas nos frenan y nos impiden perseguir nuestras metas. Las afirmaciones positivas son como el antídoto para estos patrones de pensamiento tóxicos. Al reemplazar gradualmente la negatividad con afirmaciones que resuenan con tu ser interior, puedes cambiar tu enfoque y abrazar una perspectiva más constructiva.

Cultivando la Autoconfianza

La autoconfianza es una cualidad invaluable que nos impulsa a enfrentar desafíos y perseguir oportunidades. Las afirmaciones positivas están

Sal ya de tu zona de confort.

diseñadas para cultivar y fortalecer esta autoconfianza. Al repetir afirmaciones como "Tengo la capacidad de superar cualquier obstáculo" o "Confío en mí mismo para tomar decisiones sabias", estás programando tu mente Subconsciente para creer en tus propias capacidades.

El Viaje de la Autodescubrimiento

Las afirmaciones positivas también pueden ser una puerta de entrada al autodescubrimiento. Al reflexionar sobre lo que realmente valoras y deseas en la vida, puedes crear afirmaciones que resuenen con tus objetivos más profundos. Este proceso de autoexploración te ayuda a comprender tus prioridades y te motiva a trabajar en pro de lo que realmente importa.

Práctica Constante La Repetición

Como cualquier habilidad que se busca mejorar, la práctica constante es esencial para que las afirmaciones positivas tengan un impacto duradero. Incorporar estas afirmaciones en tu rutina diaria, ya sea al despertar, antes de acostarte o en momentos de meditación, es fundamental. La repetición regular de estas afirmaciones refuerza su efecto y las convierte en parte integral de tu pensamiento.

Afirmaciones para la auto adaptación al cambio.

La vida está llena de altibajos, desafíos y cambios inesperados. Las afirmaciones positivas pueden ser faros de luz durante los tiempos difíciles. Al afirmar que eres fuerte, resiliente y capaz de superar cualquier adversidad, estás creando una mentalidad de creencia en si mismo que te llena de poder y permitirá enfrentar los desafíos con valentía y determinación.

Sal ya de tu zona de confort.

Las afirmaciones positivas son una herramienta poderosa para moldear la mente y el corazón hacia una perspectiva más positiva y empoderadora. Son recordatorios constantes de tu valía y potencial. Al adoptar y practicar afirmaciones positivas, puedes transformar la forma en que te ves a ti mismo, a los demás y al mundo que te rodea. Cada afirmación es un paso hacia la autenticidad, la autoaceptación y el crecimiento personal. Recuerda que eres el narrador de tu propia historia, y las afirmaciones positivas te ayudan a escribir un capítulo lleno de confianza, gratitud y éxito.

Sal ya de tu zona de confort.

CAPITULO 8

DEL CONFORT A LA GRANDEZA

La única forma de hacer un gran trabajo es amar lo que haces." - Steve Jobs

Sal ya de tu zona de confort.

En la búsqueda de significado y realización en la vida, el trayecto que transcurre desde la comodidad hasta la grandeza se erige como un viaje fundamental y transformador. La comodidad, aunque proporciona una sensación de seguridad y estabilidad, puede convertirse en un obstáculo para el crecimiento personal y el logro de metas más ambiciosas. Hay algo muy importante que debes saber y es que si estas cómodo no estas creciendo, asi que debes ponerte incomodo si tu objetivo es crecer en lo que sea que te hayas proyectado para tu vida, nunca olvides esto y escríbelo en letras grandes donde puedas verlas todos los dias, lo repetiré una vez más, ^^ Si estas cómodo no estas creciendo^^

Por otro lado, la grandeza implica un compromiso con el autodescubrimiento, el desarrollo continuo y la contribución significativa al mundo que nos rodea. La comodidad, si bien atractiva, puede conducir a la complacencia y al estancamiento. En este estado, las personas pueden encontrar una especie de refugio en la familiaridad y evitar los desafíos que podrían conducir a un crecimiento real. La resistencia al cambio y el miedo a lo desconocido pueden paralizar la búsqueda de nuevas experiencias y oportunidades. La zona de confort se convierte así en un espacio limitante, donde las aspiraciones se ven contenidas por la aversión al riesgo y la inercia.

Por contraste, la grandeza emana de una mentalidad que abraza la incertidumbre y abraza los desafíos. El viaje hacia la grandeza implica enfrentar miedos y superar obstáculos, lo que a menudo requiere salir de la zona de confort y abrazar la incomodidad. Aquí, el crecimiento personal adquiere un papel central, ya que cada experiencia, positiva o negativa, se convierte en una oportunidad de aprendizaje y mejora. La grandeza se nutre del deseo de ser la mejor versión de uno mismo, trascendiendo las limitaciones autoimpuestas y los obstáculos externos.

Este viaje hacia la grandeza también conlleva la toma de riesgos calculados. La disposición a aventurarse en lo desconocido puede resultar en fracasos, pero también en logros notables. Los grandes líderes, artistas, científicos y visionarios a menudo han enfrentado adversidades y han superado contratiempos significativos en su camino hacia la grandeza. La resiliencia y la persistencia son cualidades esenciales en esta travesía, ya que cada obstáculo superado fortalece el espíritu y agudiza la determinación.

Sin embargo, la grandeza no se trata solo de logros personales. Un aspecto fundamental de este proceso es la contribución a un propósito más grande que uno mismo. La verdadera grandeza implica utilizar los talentos y habilidades para marcar una diferencia positiva en la vida de los demás y en la sociedad en su conjunto. La empatía y la compasión se convierten en fuerzas impulsoras, guiando las acciones hacia un impacto significativo y duradero.

En última instancia, el viaje desde la comodidad hasta la grandeza es una elección personal. Requiere valentía para abandonar lo conocido y abrazar lo desafiante. Exige autoconocimiento para identificar los propios puntos fuertes y áreas de mejora. La grandeza es un estado en constante evolución, un camino que

Sal ya de tu zona de confort.

nunca llega a su fin, ya que siempre hay más alturas por alcanzar y más formas de contribuir. En este viaje, las limitaciones son desafiadas, las barreras se derriban y el potencial humano se libera para crear un impacto que trasciende el tiempo.

La búsqueda de resultados y realización.

Es un anhelo profundamente arraigado en la naturaleza humana. A medida que avanzamos en la travesía de la vida, es natural que aspiremos a alcanzar metas y encontrar un sentido más profundo en nuestras acciones y logros. Esta búsqueda abarca tanto el ámbito personal como el profesional, y conlleva un proceso continuo de autodescubrimiento, esfuerzo y adaptación.

Los resultados, ya sean tangibles o intangibles, actúan como marcadores de nuestro progreso y éxito en diversos aspectos de la vida.

Desde los objetivos más pequeños hasta los sueños más ambiciosos, la satisfacción de alcanzar un resultado deseado proporciona una sensación de logro y validación. Sin embargo, la búsqueda de resultados no debe ser simplemente una persecución ciega de victorias, sino una oportunidad para crecer, aprender y evolucionar.

La realización, por otro lado, se encuentra en la intersección entre el logro y el significado. No se trata solo de obtener resultados, sino de encontrar un propósito más profundo en lo que hacemos. La realización proviene de alinear nuestras acciones con nuestros valores y pasiones, lo que nos permite experimentar una sensación de plenitud y satisfacción duradera. Es la sensación de que nuestras acciones tienen un propósito más allá de la mera consecución de objetivos.

La búsqueda de resultados y realización no es un camino lineal ni exento de desafíos. A menudo, implica enfrentar obstáculos y fracasos que ponen a prueba nuestra determinación y resiliencia. Estos momentos difíciles, aunque pueden ser desalentadores, también ofrecen valiosas lecciones y oportunidades de crecimiento. La adversidad nos empuja a repensar nuestras estrategias, a adaptarnos a nuevas circunstancias y a fortalecer nuestra determinación para seguir adelante.

En este viaje, el autodescubrimiento juega un papel fundamental. Conocer nuestras fortalezas y debilidades nos permite establecer objetivos realistas y tomar decisiones informadas. A través del autorreflexión, podemos identificar qué resultados son verdaderamente significativos para nosotros y cómo podemos lograrlos de manera ética y sostenible. El autodescubrimiento también nos ayuda a encontrar pasiones y aspiraciones que den forma a nuestra búsqueda de realización.

Es importante recordar que la búsqueda de resultados y realización no se trata solo de la meta final, sino también del viaje que emprendemos para alcanzarla. Cada paso, cada desafío y cada logro contribuyen a nuestra historia personal y al crecimiento de nuestro ser interior.

Sal ya de tu zona de confort.

A lo largo de este camino, es esencial mantener un equilibrio entre la ambición y el autocuidado. La autoexigencia excesiva puede llevar al agotamiento y a la insatisfacción, mientras que el cuidado de uno mismo y la gratitud por los logros alcanzados fortalecen nuestra capacidad para perseverar y disfrutar del proceso.

En última instancia, la búsqueda de resultados y realización es una odisea única para cada individuo. Cada uno de nosotros tiene su propia definición de lo que significa el éxito y la satisfacción personal. A medida que navegamos por esta búsqueda, es fundamental mantener la mente abierta, estar dispuestos a adaptarnos a los cambios y abrazar tanto los éxitos como los desafíos. En última instancia, la verdadera realización proviene de vivir una vida que refleje nuestros valores más profundos y contribuya positivamente al mundo que nos rodea.

En la búsqueda constante de crecimiento y desarrollo personal.

Nos encontramos inevitablemente con una serie de desafíos que ponen a prueba nuestra resiliencia, determinación y capacidad para superar obstáculos. Estos desafíos son las oportunidades que nos permiten crecer, aprender y avanzar hacia nuestras metas definidas. superar desafíos y alcanzar metas con éxito. La mentalidad es fundamental en este proceso. Adoptar una mentalidad positiva y orientada hacia soluciones es el primer paso para enfrentar los desafíos. En lugar de ver los obstáculos como barreras insuperables, debemos considerarlos como oportunidades para aprender y mejorar. Reconocer que los desafíos son parte natural de cualquier camino hacia el éxito nos permite abordarlos con valentía en lugar de evitarlos.

La planificación estratégica es esencial para superar desafíos y alcanzar metas. Definir metas claras y específicas nos proporciona un objetivo concreto al que dirigir nuestros esfuerzos. Divide tus metas en pasos más pequeños y alcanzables, lo que facilita el proceso y te brinda una sensación de logro constante a medida que avanzas.

Enfrentar desafíos implica inevitablemente enfrentar fracasos y momentos difíciles. Es importante recordar que el fracaso no es el fin, sino una oportunidad para aprender y mejorar. Cultivar la resiliencia implica mantenerse firme ante la adversidad, aprender de las experiencias negativas y seguir adelante con determinación renovada.

La adaptabilidad es otra habilidad esencial. A medida que avanzas hacia tus metas, es probable que te encuentres con circunstancias cambiantes y nuevos obstáculos. La capacidad de adaptarte a estas situaciones con flexibilidad te permitirá ajustar tu enfoque y encontrar soluciones alternativas cuando sea necesario.

La perseverancia es clave. Superar desafíos y alcanzar metas a menudo implica un esfuerzo sostenido a lo largo del tiempo. Habrá momentos en los que te sientas desmotivado o cansado, pero es importante recordar por qué te propusiste esa meta en primer lugar. Mantén

Sal ya de tu zona de confort.

tu visión en mente y continúa avanzando incluso cuando el camino se vuelva difícil.

El apoyo social puede marcar la diferencia. Buscar el apoyo de amigos, familiares, mentores o incluso grupos de apoyo te brinda una red de personas que pueden ofrecer aliento, consejos y perspectivas externas. A veces, hablar sobre tus desafíos con otros puede ayudarte a encontrar soluciones que no habías considerado.

La autodisciplina es esencial para mantener el impulso. Establecer una rutina, manejar tu tiempo de manera eficiente y mantenerte comprometido con tus objetivos te ayudará a superar la tentación de rendirte ante las dificultades. La autodisciplina te permite tomar medidas consistentes, incluso cuando la motivación fluctúa. La autoevaluación es un proceso continuo. A medida que enfrentas desafíos y avanzas hacia tus metas, es fundamental reflexionar sobre tu progreso. Celebra tus éxitos, analiza tus errores y ajusta tu enfoque según sea necesario. La autoevaluación te permite mantener la dirección correcta y realizar cambios constructivos en tu enfoque si es necesario.

En resumen, superar desafíos y alcanzar metas definidas es un viaje que requiere determinación, paciencia y habilidades específicas. Adoptar una mentalidad positiva, planificar estratégicamente, ser resiliente, adaptable y perseverante, buscar apoyo social, practicar la autodisciplina y realizar autoevaluaciones regulares son aspectos fundamentales de este proceso. Recordar que cada desafío es una oportunidad para crecer y aprender te ayudará a mantenerte enfocado en tu camino hacia el éxito.

La vida es una experiencia Constante de cambio y evolución. En nuestro camino, enfrentamos desafíos que nos invitan a crecer y transformarnos. Esta transformación es mucho más que un simple ajuste; es un proceso profundo que nos lleva desde donde estamos hasta donde podemos llegar.

El camino de la transformación implica abandonar la comodidad y la familiaridad de nuestra zona de confort. A menudo, encontramos seguridad en lo que conocemos, pero también limitamos nuestro potencial. Cuando nos aventuramos más allá de esa zona, nos exponemos a lo desconocido y nos abrimos a nuevas oportunidades.

Este camino no es siempre fácil. Requiere coraje para enfrentar lo que nos asusta, para cuestionar nuestras creencias arraigadas y para abrazar la incertidumbre. Sin embargo, es en estos momentos de desafío que descubrimos quiénes somos realmente. Cada obstáculo es una oportunidad para aprender, adaptarse y crecer.

La transformación no es un proceso lineal ni tiene un destino predefinido. Es un flujo constante de aprender, desaprender y reaprender. Con cada paso, nos descubrimos a nosotros mismos de nuevas maneras. A medida que ganamos perspectiva, también ganamos la capacidad de ver las cosas desde diferentes ángulos y comprender la complejidad de la vida.

La transformación no solo se trata de nosotros mismos, sino también de nuestras relaciones y conexiones con los demás. A medida que cambiamos, nuestras

Sal ya de tu zona de confort.

interacciones con el mundo también cambian. Nuestras prioridades, valores y formas de comunicarnos pueden evolucionar, lo que a su vez puede influir en cómo nos relacionamos con amigos, familiares y colegas.

El camino de la transformación no tiene un punto final. Es un viaje continuo a medida que exploramos nuevas metas, sueños y aspiraciones. Cada logro alcanzado se convierte en un trampolín para el siguiente desafío. La transformación nos recuerda que somos capaces de más de lo que podríamos haber imaginado. El camino de la transformación es una invitación a abrazar la vida con mente abierta y corazón valiente. Es un llamado a romper las barreras autoimpuestas y a expandir nuestras posibilidades. A través de este viaje, nos convertimos en versiones más auténticas y completas de nosotros mismos, y descubrimos que la única constante en la vida es el cambio.

Nos convertimos en lo que pensamos.

La relación entre el pensamiento humano y la formación de la identidad es una verdad fundamental que ha sido explorada a lo largo de la historia y en diversas disciplinas, desde la filosofía hasta la psicología moderna. En esencia, el ser humano se convierte en lo que piensa, ya que nuestros pensamientos, creencias y percepciones moldean no solo nuestras acciones, sino también nuestra perspectiva del mundo y, en última instancia, nuestra identidad misma.

Los pensamientos son la semilla de la acción. Cada acción que realizamos, grande o pequeña, comienza como un pensamiento en nuestra mente. Nuestros pensamientos influyen en nuestras decisiones, en cómo abordamos situaciones y en cómo nos relacionamos con nosotros mismos y con los demás. Si cultivamos pensamientos positivos, constructivos y empoderadores, es más probable que nuestras acciones reflejen esas cualidades.

La influencia del pensamiento en la identidad es profunda. A medida que repetimos ciertos patrones de pensamiento, estos se convierten en creencias arraigadas. Por ejemplo, si creemos que somos capaces y valiosos, es probable que actuemos de manera acorde y nos esforcemos por lograr nuestras metas. Por otro lado, si tenemos pensamientos negativos sobre nosotros mismos, es probable que nos auto-saboteemos y nos limitemos en lo que intentamos alcanzar.

Además de afectar nuestras acciones, nuestros pensamientos también moldean nuestra percepción del mundo. Dos personas pueden experimentar la misma situación de manera diferente debido a sus perspectivas únicas basadas en sus pensamientos y creencias. Esto puede llevar a interpretaciones distintas de los mismos eventos y, en última instancia, influir en cómo se forma la identidad en relación con el entorno y las circunstancias.

La plasticidad del cerebro humano también respalda la idea de que nos convertimos en lo que pensamos dia y noche. Nuestro cerebro tiene la capacidad de adaptarse y cambiar en función de nuestras experiencias y pensamientos. Esto significa que podemos reprogramar nuestra mente a través de la

Sal ya de tu zona de confort.

práctica consciente y repetida de pensamientos y patrones positivos, lo que a su vez puede llevar a una transformación profunda en nuestra identidad.

Es importante reconocer que los pensamientos no operan en un vacío, sino que están influenciados por una variedad de factores, como la cultura, la educación, las experiencias pasadas y las influencias sociales. Sin embargo, nuestra capacidad para elegir conscientemente los pensamientos que cultivamos y nutrimos es lo que nos da un poder único sobre nuestra propia evolución.

El ser humano se convierte en lo que piensa debido a la íntima conexión entre los pensamientos, las creencias, las acciones y la formación de la identidad. Los pensamientos que elegimos nutrir y cultivar tienen el poder de dar forma a quiénes somos y a la realidad que experimentamos. Reconocer esta relación nos brinda la oportunidad de ser más conscientes y deliberados en la construcción de una identidad auténtica y empoderada.

Explora la abundancia que nos rodea.

La abundancia, como concepto, evoca imágenes de opulencia, plenitud y prosperidad. Es un estado en el que los recursos, ya sean materiales, emocionales o espirituales, parecen fluir en cantidades generosas y sin restricciones. La idea de la abundancia se entrelaza con la naturaleza misma del universo, donde la diversidad y la profusión de formas de vida, elementos y experiencias son evidencia palpable de su existencia. En el mundo natural, la abundancia se manifiesta en la exuberancia de la flora y la fauna que pueblan bosques, océanos, praderas y desiertos. Cada especie, desde las más diminutas hasta las más imponentes, encuentra su espacio y su papel en el ecosistema, contribuyendo a la rica interconexión que sustenta la vida en todas sus formas. La naturaleza nos enseña que la abundancia no es solo una acumulación de riqueza, sino también un equilibrio armonioso y un flujo constante de energía y recursos.

A nivel humano, la abundancia se refleja en múltiples dimensiones. En el ámbito material, se puede apreciar en las comodidades que rodean la vida cotidiana: hogares cómodos, alimentos nutritivos, acceso a la educación y atención médica. Sin embargo, la verdadera abundancia va más allá de la mera posesión de bienes; radica en la capacidad de compartir, en la generosidad y en la voluntad de contribuir al bienestar de otros.

La abundancia no se limita a lo material; también abarca aspectos emocionales y espirituales. La abundancia emocional se manifiesta en relaciones satisfactorias, amor y apoyo mutuo. En este contexto, la alegría compartida se multiplica, y las dificultades se enfrentan con resiliencia y comprensión. La abundancia espiritual, por su parte, se experimenta cuando se encuentra significado y propósito en la vida, cuando se cultiva la gratitud y se busca una conexión profunda con algo más grande que uno mismo.

Es importante reconocer que la abundancia no es una negación de la escasez o las dificultades, sino una perspectiva que invita a enfocarse en lo que hay en abundancia en lugar de lo que falta. Se trata de un

Sal ya de tu zona de confort.

enfoque mental y emocional que puede cultivarse a través de la gratitud, la mindfulness y la conciencia de las oportunidades que se presentan en la vida. En este sentido, la abundancia no es un destino, sino un camino que se recorre día a día.

En un mundo interconectado y diverso, la búsqueda de la abundancia se vuelve relevante a nivel individual y colectivo. La colaboración, el intercambio y la voluntad de compartir son fundamentales para crear una sociedad en la que la abundancia no sea un privilegio, sino una realidad para todos. Esto implica la redistribución equitativa de recursos, la promoción de la educación y la igualdad de oportunidades, así como el respeto y la preservación de la naturaleza que nos rodea.

La abundancia es un estado de mente y corazón que nos invita a valorar lo que tenemos, a celebrar la diversidad y a contribuir al bienestar mutuo. Al adoptar una mentalidad de abundancia, podemos transformar nuestra relación con el mundo y convertirnos en agentes de cambio positivo, trabajando juntos para crear un futuro en el que la prosperidad sea una realidad compartida.

Crear un estado mental lleno de abundancia es un proceso profundamente transformador que implica cambiar la forma en que percibimos el mundo y cómo nos relacionamos con él. Esta mentalidad no se trata solo de acumular riquezas materiales, sino de cultivar una actitud de gratitud, apertura y generosidad hacia todas las áreas de la vida.

Sal ya de tu zona de confort.

El cambio, en su forma más profunda y transformadora, comienza en el interior de cada individuo. Es un proceso intrincado y apasionante que trasciende las superficies visibles y se sumerge en las capas más profundas de la conciencia y la identidad. El cambio interno es un viaje personal, una travesía que implica explorar, cuestionar y evolucionar en múltiples dimensiones.

En primer lugar, el cambio interno parte de la autoconciencia. Requiere mirar hacia adentro con honestidad y valentía, examinando las creencias arraigadas, los patrones de pensamiento y las emociones que nos guían en la vida cotidiana. Esta autoexploración nos brinda una comprensión más profunda de quiénes somos realmente y qué aspectos de nosotros mismos deseamos cambiar o mejorar.

El proceso de cambio interno a menudo está acompañado por la necesidad de soltar. Esto implica liberar lo que ya no nos sirve: las actitudes negativas, los apegos a situaciones pasadas, las relaciones que nos limitan y las autopercepciones restrictivas. El soltar es un acto de valentía que crea espacio para lo nuevo y lo positivo en nuestras vidas.

El cambio interno no es un proceso lineal ni estático. Es una danza fluida entre el crecimiento y la resistencia, entre la inspiración y los desafíos. A medida que avanzamos, es posible encontrarnos con resistencia interna y dudas que nos mantienen en nuestra zona de confort. Sin embargo, es precisamente en estos momentos donde se encuentra la oportunidad de

Sal ya de tu zona de confort.

mayor crecimiento. Afrontar y trascender estas barreras es lo que nos impulsa hacia adelante.

La autenticidad desempeña un papel fundamental en el cambio interno. A medida que nos permitimos ser fieles a nosotros mismos, abandonando la necesidad de complacer a los demás o de ajustarnos a expectativas externas, creamos un espacio para que florezcan nuestras pasiones y nuestras voces únicas. Esto puede conducir a decisiones y acciones que, aunque desafiantes, nos llevan hacia una vida más auténtica y significativa.

El cambio interno también está intrínsecamente ligado al autodescubrimiento. Es un viaje de exploración en el que descubrimos nuestras fortalezas ocultas, nuestras capacidades latentes y nuestras aspiraciones más profundas. A medida que aprendemos más sobre nosotros mismos, nos volvemos más capacitados para tomar decisiones alineadas con nuestros valores y objetivos.

El apoyo juega un papel clave en este proceso. Buscar orientación de mentores, amigos de confianza o profesionales puede brindar una perspectiva externa y ayudarnos a sortear obstáculos que pueden surgir en el camino del cambio. La conexión con una comunidad de individuos que comparten objetivos similares puede ser motivadora y enriquecedora.

En última instancia, el cambio interno se trata de empoderamiento. Es un recordatorio constante de que somos los arquitectos de nuestras vidas y que tenemos la capacidad de moldear nuestras circunstancias internas y externas. A medida que abrazamos este poder, nos convertimos en catalizadores de un cambio más amplio en nuestras relaciones, comunidades y en el mundo en general.

En resumen, el cambio interno es una travesía emocionante y desafiante que involucra autoconciencia, autenticidad, soltar, crecimiento y autodescubrimiento. Es un proceso que requiere paciencia, dedicación y una apertura constante a la transformación. Al abrazar el cambio desde adentro, podemos crear una base sólida para una vida más plena, significativa y alineada con nuestro verdadero ser

Las posibilidades son infinitas.

En un mundo lleno de incertidumbre y desafíos constantes, adoptar una mentalidad que se centre en las posibilidades puede ser un enfoque transformador para la vida. En lugar de quedar atrapados en las limitaciones y obstáculos, este enfoque nos invita a mirar más allá de lo evidente y a explorar las oportunidades que yacen en cada esquina.

En el corazón de enfocarse en las posibilidades se encuentra la creencia fundamental de que el universo es un vasto campo de oportunidades inexploradas. Cada situación, por más desafiante que parezca, alberga la semilla de algo nuevo y significativo. Al adoptar esta perspectiva, cambiamos nuestra lente de percepción y comenzamos a ver el mundo con ojos de curiosidad y asombro.

Esta mentalidad nos reta a desafiar nuestras creencias limitantes y pensamientos negativos arraigados. La duda y el miedo a menudo nos impiden avanzar y nos mantienen estancados en la zona de confort. Enfocarnos en las posibilidades implica liberarnos de estas cadenas mentales y reemplazarlas con una confianza en nuestra capacidad para superar desafíos y crear soluciones innovadoras.

Al explorar posibilidades, es esencial mantener una mente abierta y flexible. Esto implica estar dispuestos a aprender de nuevas experiencias, escuchar diferentes perspectivas y considerar ideas que puedan parecer inicialmente extrañas o improbables. Esta apertura mental nos permite ver conexiones que antes no eran evidentes y encontrar caminos no convencionales hacia el éxito.

La visualización creativa es una herramienta poderosa en este enfoque. Al imaginar de manera vívida y emocional resultados deseables, estamos plantando semillas en nuestra mente que pueden florecer en acciones concretas. La visualización no solo nos motiva, sino que también nos ayuda a atraer las circunstancias y oportunidades que necesitamos para hacer realidad nuestras aspiraciones.

El proceso de enfocarse en posibilidades no es exento de desafíos. Puede implicar enfrentar el fracaso y la decepción, pero es precisamente en estos momentos donde la mentalidad de posibilidades brilla con mayor intensidad. En lugar de ser derrotados por las adversidades, nos anima a ver cada tropiezo como un trampolín para el crecimiento y la adaptación.

La colaboración y la conexión con otros también son esenciales en este enfoque. Compartir ideas y perspectivas con personas que comparten nuestra pasión por explorar posibilidades puede generar

Sal ya de tu zona de confort.

sinergias creativas y abrir nuevas vías de pensamiento. La diversidad de pensamiento y experiencia enriquece nuestro repertorio de posibilidades y nos permite ver el panorama completo.

Las posibilidades son infinitas, todo está en nuestro enfoque y estos afirma que somos un granito de llena en el océano, y es un llamado a abrazar la vida con audacia y entusiasmo. Es un recordatorio de que cada día es una hoja en blanco llena de oportunidades para crear, aprender y crecer. Al cambiar nuestra atención de las limitaciones a las oportunidades, abrimos la puerta a un mundo lleno de descubrimientos emocionantes y realizaciones gratificantes.

CAPITULO 9

EL CAMINO DE LA TRANSFORMACIÓN

La verdadera medida de un hombre no se encuentra en cómo se comporta en momentos de comodidad y conveniencia, sino en cómo se mantiene en tiempos de desafío y controversia." - Martin Luther King.

Sal ya de tu zona de confort.

La transformación es un proceso fundamental en la vida de cualquier individuo, organización o sociedad. Es un viaje continuo de crecimiento, evolución y adaptación que nos permite superar obstáculos, alcanzar metas y desarrollarnos a nivel personal y colectivo. El Camino de la Transformación es una travesía llena de desafíos, descubrimientos y aprendizajes que nos lleva a lugares inexplorados y nos ayuda a descubrir nuestro potencial más profundo. La transformación no es un evento aislado, sino un proceso constante que implica cambios profundos en nuestra forma de pensar, actuar y ser. Requiere de introspección, autenticidad y valentía para enfrentar las limitaciones y los miedos que nos impiden avanzar. A menudo, este camino comienza con una crisis o un punto de quiebre en nuestras vidas, que nos obliga a cuestionar nuestras creencias y a buscar nuevas formas de enfrentar los desafíos. En el ámbito personal, el Camino de la Transformación implica un viaje hacia la autenticidad y la autorrealización. Nos lleva a explorar nuestras pasiones, valores y propósito en la vida. A medida que nos conocemos más profundamente, somos capaces de tomar decisiones más alineadas con nuestra verdadera naturaleza y vivir una vida más plena y significativa.

La transformación también es esencial en el contexto de las organizaciones y empresas. En un mundo en constante cambio, las empresas deben adaptarse para sobrevivir y prosperar. La transformación empresarial implica reevaluar estrategias, estructuras y procesos, y estar dispuesto a cambiar incluso lo que ha funcionado en el pasado. La agilidad y la innovación se convierten

Sal ya de tu zona de confort.

en palabras clave en este proceso, ya que las organizaciones deben ser capaces de anticipar y responder a las demandas cambiantes del mercado. A nivel social, el Camino de la Transformación puede ser un proceso doloroso pero necesario. Las sociedades también enfrentan desafíos y crisis, y la transformación social implica abordar cuestiones profundas como la justicia, la igualdad, la sostenibilidad y la inclusión. Requiere un esfuerzo colectivo para cambiar sistemas y estructuras arraigadas que perpetúan la desigualdad y la injusticia.

En todos los niveles, la transformación es un proceso que exige tiempo, paciencia y perseverancia. No es un camino fácil, y a menudo implica enfrentar resistencia, tanto interna como externa. Sin embargo, los frutos de la transformación son invaluables: un mayor sentido de propósito, una mayor adaptabilidad y la capacidad de impactar positivamente en el mundo que nos rodea. Para emprender el Camino de la Transformación, es importante cultivar la mentalidad adecuada. La apertura a nuevas ideas, la disposición para aprender y la capacidad de abrazar la incertidumbre son habilidades fundamentales. Además, contar con un sistema de apoyo, ya sean amigos, mentores o colegas, puede hacer que el viaje sea menos solitario y más enriquecedor.

El Camino de la Transformación es un viaje fundamental en la vida de los individuos, las organizaciones y las sociedades. Es un proceso continuo de crecimiento y evolución que nos lleva a lugares desconocidos y nos permite descubrir nuestro verdadero potencial. A pesar de los desafíos y

Sal ya de tu zona de confort.

obstáculos que encontramos en el camino, la transformación nos brinda la oportunidad de vivir vidas más auténticas y significativas, y de contribuir positivamente al mundo que nos rodea.

Los Inicios de la Transformación

La transformación, ya sea a nivel personal, organizacional o en sociedad comienza en un lugar común. la insatisfacción o el reconocimiento de que algo no está funcionando como debería. Este primer paso es esencial, ya que la complacencia y la negación pueden ser obstáculos significativos en el camino de la transformación. Es como si nos encontráramos en un punto de quiebre, una encrucijada en la que la elección de avanzar o permanecer estancado depende en gran medida de nuestra capacidad para reconocer la necesidad de cambio.

A menudo, el catalizador de la transformación como lo hemos dicho anteriormente casi siempre viene acompañado de una crisis, un desafío imprevisto o una experiencia dolorosa que nos sacude de nuestra zona de confort. Nos enfrentamos a situaciones que nos obligan a cuestionar nuestras creencias, hábitos y enfoques habituales. Este proceso puede ser incómodo y desestabilizador, pero es en ese momento de vulnerabilidad que se abre la puerta hacia la transformación.

La insatisfacción o el reconocimiento de la necesidad de cambio actúan como semillas en el suelo de nuestra conciencia. Son los primeros indicios de que algo más grande, más profundo y más significativo está esperando emerger.

Al igual que una semilla que germina en la oscuridad antes de empujar hacia arriba, hacia la luz, la transformación comienza en lo más profundo de nuestro ser.

Una vez que hemos reconocido la necesidad de transformación, el siguiente paso es la autoevaluación y la reflexión. Esto implica mirar hacia adentro y examinar nuestras creencias, valores y comportamientos. ¿Qué es lo que realmente queremos? ¿Qué nos impide avanzar? ¿Cuáles son las barreras internas que debemos superar? Este proceso de introspección puede ser desafiante y a menudo revela aspectos de nosotros mismos que preferiríamos no ver. Sin embargo, es esencial para comprender nuestras motivaciones y limitaciones, y para identificar áreas de nuestra vida o de nuestra organización que requieren cambios significativos.

Una vez que hemos establecido una comprensión más profunda de nosotros mismos y de la situación, podemos comenzar a trazar un camino hacia la transformación. Esto implica establecer metas claras, desarrollar estrategias y reunir los recursos necesarios para el viaje. La transformación no es un proceso lineal, y es probable que enfrentemos desafíos en el camino. La resiliencia y la determinación son cualidades clave en esta etapa.

En última instancia, los inicios de la transformación se basan en el reconocimiento de la necesidad de cambio y en la voluntad de emprender un viaje hacia lo desconocido. Es un acto de valentía y un compromiso con el crecimiento y la evolución. A medida que avanzamos en este camino, podemos descubrir un sentido renovado de propósito y significado, y experimentar una profunda transformación en nosotros mismos, en nuestras organizaciones y en la sociedad en su conjunto. La transformación comienza con un paso, un paso hacia el cambio consciente y deliberado, un paso hacia un futuro mejor y más satisfactorio.

La transformación en el Campo Empresarial

En el siempre cambiante y competitivo mundo de los negocios, la transformación empresarial se ha convertido en un imperativo. Las organizaciones que no pueden adaptarse y evolucionar están en riesgo de quedarse atrás. La transformación en el campo empresarial es un proceso fundamental que implica cambios profundos en la forma en que una empresa opera, se relaciona con sus clientes y se enfrenta a los desafíos del mercado.

La transformación empresarial no es una respuesta a una crisis inmediata, sino una respuesta a la necesidad de mantener la relevancia y la competitividad a largo plazo. Las empresas se embarcan en procesos de transformación por diversas razones, que van desde la necesidad de adaptarse a las tendencias del mercado hasta la búsqueda de eficiencia operativa y la expansión a nuevos mercados.

Sal ya de tu zona de confort.

Uno de los aspectos clave de la transformación empresarial es la innovación. Las empresas deben buscar formas nuevas y creativas de abordar los problemas y las oportunidades. Esto puede implicar la adopción de nuevas tecnologías, la creación de nuevos productos o servicios, o la reinvención de modelos de negocio existentes. La innovación es esencial para mantenerse relevante en un mundo empresarial en constante cambio.

La transformación empresarial no es solo un cambio en la estructura y los procesos, sino también un cambio en la cultura empresarial. La cultura de una empresa juega un papel fundamental en la forma en que los empleados se relacionan entre sí y con la empresa en su conjunto. La creación de una cultura que fomente la innovación, la colaboración y la adaptabilidad es esencial para el éxito de la transformación.

La tecnología desempeña un papel crucial en la transformación empresarial. La automatización, la inteligencia artificial, el análisis de datos y la computación en la nube son solo algunos ejemplos de tecnologías que pueden impulsar la transformación. Las empresas deben ser capaces de aprovechar estas tecnologías de manera efectiva para mejorar la eficiencia, la toma de decisiones y la experiencia del cliente.

La transformación empresarial no es un proceso único y lineal. En lugar de ello, es un proceso continuo que requiere flexibilidad y capacidad de adaptación. Las empresas deben estar dispuestas a ajustar sus

Sal ya de tu zona de confort.

estrategias y enfoques a medida que cambian las condiciones del mercado y las necesidades de los clientes. La capacidad de pivotar y tomar decisiones ágiles es esencial en este entorno empresarial dinámico.

Los líderes desempeñan un papel fundamental en la transformación empresarial. Deben ser visionarios, comunicar claramente la visión de la transformación y liderar con el ejemplo. Además, deben estar dispuestos a tomar decisiones difíciles y a enfrentar la resistencia al cambio que puede surgir en la organización. Si se lleva a cabo de manera efectiva, la transformación empresarial puede tener beneficios significativos. Estos pueden incluir un aumento en la eficiencia operativa, una mayor satisfacción del cliente, la entrada a nuevos mercados, una mayor competitividad y una cultura empresarial más sólida y adaptativa. En resumen, la transformación en el campo empresarial es un proceso esencial para sobrevivir y prosperar en un entorno empresarial en constante cambio. Requiere visión, innovación, adaptabilidad y liderazgo efectivo. Las empresas que abrazan la transformación están mejor posicionadas para enfrentar los desafíos y aprovechar las oportunidades que el futuro les depara.

La transformación en el Campo Tecnológico.

Sal ya de tu zona de confort.

En el siglo XXI, la transformación en el campo tecnológico e innovación se ha convertido en un motor fundamental para el progreso y el crecimiento en todas las esferas de la sociedad. Desde empresas hasta gobiernos y el sector académico, la innovación tecnológica está impulsando cambios profundos y rápidos en la forma en que vivimos, trabajamos y nos relacionamos. Este amplio cambio abarca una variedad de aspectos que merecen una exploración detallada. La tecnología es el catalizador principal de la transformación en el mundo actual. Avances en campos como la inteligencia artificial, la computación en la nube, la automatización y la biotecnología están revolucionando industrias enteras. La tecnología no solo está mejorando la eficiencia y la productividad, sino que también está creando oportunidades completamente nuevas y transformando la forma en que interactuamos con el mundo.

La innovación es el proceso mediante el cual se traducen las ideas en soluciones prácticas y aplicables. Ya sea en el desarrollo de nuevos productos y servicios, en la optimización de procesos empresariales o en la resolución de problemas sociales, la innovación es un elemento central de la transformación tecnológica. Empresas, startups y organizaciones gubernamentales están invirtiendo en la creación de ecosistemas de innovación que fomentan la colaboración, la creatividad y la experimentación.

La Cuarta Revolución Industrial es un término que se ha acuñado para describir la convergencia de tecnologías avanzadas en áreas como la robótica, la

Sal ya de tu zona de confort.

inteligencia artificial, la Internet de las cosas y la biotecnología. Esta revolución está transformando la manera en que producimos bienes, brindamos servicios y vivimos nuestras vidas. La digitalización y la interconexión están dando lugar a una nueva era de oportunidades y desafíos.

La transformación tecnológica también plantea importantes preguntas sobre la educación y la formación. A medida que la tecnología cambia la naturaleza del trabajo, es esencial que las personas adquieran habilidades actualizadas y relevantes. Las instituciones educativas y las empresas están trabajando juntas para proporcionar programas de capacitación y desarrollo profesional que permitan a las personas adaptarse y prosperar en la economía digital.

La transformación tecnológica no está exenta de desafíos éticos y sociales. El uso de datos personales, la privacidad en línea, la automatización del empleo y la equidad en el acceso a la tecnología son cuestiones candentes que requieren una atención cuidadosa. Las sociedades y los reguladores están luchando por encontrar el equilibrio adecuado entre la innovación y la protección de los derechos y valores fundamentales.

La transformación tecnológica está remodelando la economía global. Nuevos actores digitales están surgiendo como potencias económicas, y las cadenas de suministro y las estrategias comerciales están siendo reevaluadas. La competencia global es más intensa que nunca, y las empresas deben adaptarse rápidamente para mantenerse competitivas. La transformación tecnológica e innovación no es un proceso estático; es dinámico y en constante

Sal ya de tu zona de confort.

evolución. A medida que avanzamos en el siglo XXI, podemos esperar que surjan nuevas tecnologías disruptivas y que la velocidad del cambio se acelere. La colaboración entre sectores y la capacidad de adaptación serán esenciales para abordar los desafíos y aprovechar las oportunidades que la transformación tecnológica ofrece.

La transformación en el campo tecnológico e innovación está remodelando el mundo de manera profunda y significativa. Desde la economía hasta la educación y la ética, los impactos son visibles en todos los aspectos de la sociedad. La capacidad de abrazar y gestionar estos cambios de manera efectiva será un factor clave en el éxito a medida que avanzamos hacia un futuro cada vez más tecnológico e innovador.

Sal ya de tu zona de confort.

Neurociencia. La Transformación en el Campo de la.

La neurociencia, el estudio del sistema nervioso y del cerebro humano en particular, ha experimentado una transformación impresionante en las últimas décadas. Los avances tecnológicos, las técnicas de investigación innovadoras y una comprensión cada vez más profunda de la complejidad del cerebro humano han impulsado esta transformación. En este amplio escrito, exploraremos los aspectos clave de la evolución en el campo de la neurociencia.

Uno de los pilares de la transformación en neurociencia ha sido la revolución en las técnicas de neuroimagen. La resonancia magnética funcional (fMRI), la tomografía por emisión de positrones (PET), la magnetoencefalografía (MEG) y otras técnicas han permitido a los investigadores observar y medir la actividad cerebral en tiempo real. Esto ha desbloqueado una comprensión más profunda de cómo funcionan diferentes regiones del cerebro y cómo se conectan entre sí.

La neurociencia computacional se ha convertido en un campo interdisciplinario importante que combina la neurociencia experimental con la ciencia de la computación y las técnicas de modelado. Los modelos computacionales permiten simular y analizar la actividad cerebral a nivel de redes neuronales, lo que ha contribuido a una comprensión más profunda de la cognición y el comportamiento.

Sal ya de tu zona de confort.

La genética y la neurogenómica han arrojado luz sobre las bases genéticas de las enfermedades neurológicas y los trastornos del cerebro. La secuenciación del genoma humano y la identificación de variantes genéticas asociadas con condiciones neurológicas han abierto nuevas oportunidades para el desarrollo de terapias personalizadas y tratamientos farmacológicos.

La investigación en neuroplasticidad ha demostrado que el cerebro es maleable y puede reorganizarse a lo largo de la vida. Esto ha llevado a un enfoque más optimista en la rehabilitación de lesiones cerebrales y trastornos neurológicos. Terapias como la rehabilitación ocupacional y la fisioterapia se basan en la comprensión de cómo el cerebro puede aprender y adaptarse.

La transformación en la neurociencia ha dado lugar a terapias y tratamientos innovadores. La estimulación cerebral profunda (DBS) se utiliza para tratar trastornos neurológicos como el Parkinson. Además, la terapia génica y la optogenética ofrecen nuevas formas de influir en la actividad cerebral y pueden tener aplicaciones en el tratamiento de enfermedades neurológicas.

Sal ya de tu zona de confort.

Conexión entre Neurociencia y Inteligencia Artificial

La neurociencia y la inteligencia artificial (IA) están convergiendo de manera significativa. Los algoritmos de IA se inspiran en la estructura y el funcionamiento del cerebro humano para tareas de reconocimiento de patrones y aprendizaje automático. Esto puede tener aplicaciones en campos como la visión por computadora, la traducción automática y la medicina.

La transformación en neurociencia también plantea desafíos éticos y filosóficos importantes. La capacidad de modificar la actividad cerebral y la privacidad de los datos cerebrales son cuestiones que requieren una consideración cuidadosa. Además, la comprensión más profunda del cerebro plantea preguntas filosóficas sobre la naturaleza de la conciencia y el libre albedrío.

La transformación en neurociencia tiene un gran potencial para mejorar la salud humana. Se están desarrollando tratamientos más efectivos para trastornos neurológicos y psiquiátricos, y se están explorando terapias basadas en la estimulación cerebral y la neurofeedback para tratar condiciones como la depresión y la ansiedad.

La transformación en el campo de la neurociencia es un testimonio de cómo la combinación de investigación rigurosa y avances tecnológicos puede cambiar radicalmente nuestra comprensión del cerebro humano y su funcionamiento. Esto no solo tiene implicaciones científicas, sino que también abre la puerta a avances médicos y terapéuticos que pueden mejorar significativamente la calidad de vida de las personas.

Sal ya de tu zona de confort.

La neurociencia continuará siendo un campo emocionante y en evolución a medida que seguimos desentrañando los misterios del cerebro humano.

CAPITULO 10

COMO TENER METAS AMBICIOSAS CON RESULTADOS EXTRAORDINARIOS

La verdadera grandeza reside en aquellos que tienen el corazón grande, la mente abierta y la capacidad de ver la belleza en el mundo que les rodea." – Unknown.

Sal ya de tu zona de confort.

Las metas ambiciosas son la fuerza motriz que impulsa a la humanidad a alcanzar lo inalcanzable, a superar los límites previamente establecidos y a forjar un futuro más brillante y prometedor. Son los sueños que desafían la complacencia, las expectativas convencionales y las fronteras predefinidas. En su esencia, las metas ambiciosas representan una búsqueda incansable de la excelencia y la innovación, una lucha constante por el crecimiento y la evolución personal y colectiva.

La ambición es un poderoso motor que impulsa a individuos y sociedades a buscar un mayor significado y propósito en la vida. Desde el niño que sueña con convertirse en astronauta y explorar el espacio exterior hasta el científico que trabaja incansablemente para encontrar la cura para enfermedades mortales, las metas ambiciosas inspiran a las personas a desafiar lo que se considera imposible. Es esta determinación la que ha llevado a la humanidad a lograr hazañas extraordinarias a lo largo de la historia.

El proceso de establecer metas ambiciosas implica un compromiso profundo y una visión clara del futuro deseado. Implica la voluntad de enfrentar obstáculos, superar adversidades y perseverar incluso cuando parece que el mundo está en contra. Las metas ambiciosas requieren dedicación, sacrificio y una inquebrantable resiliencia.

Uno de los aspectos más inspiradores de las metas ambiciosas es su capacidad para unir a las personas en pos de un objetivo común. Cuando individuos con sueños similares se unen, pueden lograr cosas asombrosas. Ejemplos históricos como la conquista de la Luna y la erradicación de enfermedades mortales son testamentos de lo que puede lograrse cuando la ambición se combina con la colaboración y el esfuerzo colectivo.

Sin embargo, es importante reconocer que las metas ambiciosas también pueden ser desafiantes y, en ocasiones, pueden llevar a la frustración y el desánimo. No todas las metas se alcanzan fácilmente, y el camino hacia el logro puede estar lleno de fracasos y obstáculos. Pero es precisamente en estos momentos de adversidad donde se forja el carácter y se fortalece la determinación. Las metas ambiciosas son una prueba de la resistencia humana y la capacidad de superar desafíos aparentemente insuperables. Las metas ambiciosas no se limitan a un ámbito específico de la vida; abarcan todas las áreas, desde lo personal hasta lo profesional, desde lo científico hasta lo artístico. Pueden tomar la forma de alcanzar un nuevo récord deportivo, descubrir un avance científico revolucionario o liderar un movimiento social que cambie el mundo. La ambición no tiene fronteras ni límites, y es un recordatorio constante de que el potencial humano es infinito.

Las metas ambiciosas son el motor de la innovación, la fuente de inspiración para el progreso y la razón por la cual la humanidad continúa alcanzando nuevas alturas. Son el reflejo de nuestra capacidad innata de soñar en grande y trabajar incansablemente para hacer realidad esos sueños. A través de metas ambiciosas, la humanidad ha demostrado una y otra vez que no hay

Sal ya de tu zona de confort.

límites para lo que podemos lograr cuando tenemos una visión clara y la determinación de perseguirla.

Determinación implacable. Es la esa fuerza interna que nos impulsa a perseverar sin importar las dificultades, es uno de los atributos más poderosos y admirables de la condición humana. Representa la voluntad inquebrantable de alcanzar metas y objetivos, incluso cuando el camino está lleno de obstáculos aparentemente insuperables. La determinación implacable es el motor que nos lleva a enfrentar los desafíos con valentía y a persistir cuando otros podrían darse por vencidos.

En su esencia, la determinación implacable es un compromiso profundo con un propósito o meta. Es la convicción de que lo que se busca es digno de esfuerzo y sacrificio, y la certeza de que se hará todo lo necesario para alcanzarlo. Esta determinación no se debilita fácilmente por las críticas, los fracasos temporales o las circunstancias desfavorables. Más bien, se fortalece con cada obstáculo superado, alimentando la pasión y el deseo de lograr el objetivo final.

A menudo, la determinación implacable está arraigada en un sentido profundo de propósito. Las personas con una claridad de propósito fuerte están dispuestas a hacer lo que sea necesario para cumplir con su misión, y están dispuestas a soportar cualquier carga en el camino. Esta determinación les permite superar las tentaciones de la complacencia y mantenerse enfocados en su visión, incluso cuando otros puedan cuestionar su camino.

Sal ya de tu zona de confort.

La historia está llena de ejemplos de individuos que han demostrado una determinación implacable en la búsqueda de sus objetivos. Figuras como Mahatma Gandhi, quien lideró la lucha pacífica por la independencia de la India, o Thomas Edison, quien realizó miles de experimentos antes de inventar la bombilla eléctrica, son ejemplos de cómo la determinación implacable puede cambiar el curso de la historia.

La determinación implacable también es fundamental en la superación de adversidades. Las personas que han enfrentado circunstancias difíciles o desafiantes a menudo encuentran en su determinación la fuerza para seguir adelante. Esta tenacidad les permite convertir las dificultades en oportunidades y salir más fuertes del otro lado.

Sin embargo, la determinación implacable no se trata simplemente de resistir y seguir adelante. También implica la capacidad de adaptarse y aprender de las experiencias. Aquellos que son implacables en la búsqueda de sus objetivos están dispuestos a ajustar su enfoque cuando sea necesario y a aprender de los fracasos para mejorar en el futuro.

En conclusión, la determinación implacable es un atributo extraordinario que reside en el corazón de muchos logros notables a lo largo de la historia. Es la fuerza interna que nos impulsa a superar obstáculos, a perseverar a pesar de los fracasos y a alcanzar nuestras metas más desafiantes. Es una cualidad que puede inspirarnos a todos a abrazar nuestros sueños con pasión y dedicación, recordándonos que, con

Sal ya de tu zona de confort.

determinación implacable, no hay límites para lo que podemos lograr.

Los resultados extraordinarios, esos logros que trascienden las expectativas y desafían los límites previamente establecidos, son el producto de un esfuerzo sobresaliente, una visión audaz y una perseverancia inquebrantable. Estos resultados no se alcanzan por casualidad ni se obtienen sin un compromiso profundo y una dedicación inquebrantable. Son el fruto de una búsqueda incansable de la excelencia y la innovación en todas las áreas de la vida, desde los logros personales hasta los avances científicos y tecnológicos que han transformado el mundo.

Uno de los aspectos más fascinantes de los resultados extraordinarios es su capacidad para inspirar y motivar a otros.

Cuando vemos a individuos o equipos alcanzar lo que parece imposible, se convierten en faros de esperanza y ejemplos vivos de lo que es posible cuando se persiguen metas con pasión y determinación. Estos logros nos recuerdan que no hay límites para lo que podemos alcanzar cuando nos comprometemos completamente con nuestros objetivos y nos negamos a conformarnos con la mediocridad.

Los resultados extraordinarios a menudo están vinculados a la creatividad y la innovación. Los innovadores visionarios desafían el status quo y buscan soluciones novedosas a problemas aparentemente insuperables. Están dispuestos a asumir riesgos calculados y a pensar más allá de las fronteras convencionales, lo que a menudo lleva a descubrimientos y avances revolucionarios en campos como la ciencia, la tecnología, el arte y los negocios.

Un aspecto fundamental de los resultados extraordinarios es el compromiso con el crecimiento personal y la mejora continua. Aquellos que logran resultados excepcionales están dispuestos a invertir tiempo y esfuerzo en aprender, desarrollarse y adquirir nuevas habilidades. Ven los desafíos como oportunidades para crecer y se enfrentan a las dificultades con resiliencia y determinación.

La excelencia y los resultados extraordinarios no son el resultado de un esfuerzo aislado, sino el producto de equipos comprometidos y colaborativos. En entornos de trabajo y proyectos, la combinación de habilidades, conocimientos y perspectivas diversas puede conducir a soluciones más innovadoras y resultados sobresalientes. La capacidad de trabajar en equipo y aprovechar la diversidad de talentos es una característica distintiva de aquellos que logran resultados extraordinarios.

Sin embargo, el camino hacia resultados extraordinarios no está exento de desafíos y adversidades. El fracaso y la adversidad son parte integral de la búsqueda de la grandeza. Aquellos que alcanzan resultados extraordinarios son capaces de enfrentar el fracaso con valentía, aprender de sus errores y seguir adelante con un espíritu renovado.

Los resultados extraordinarios son el resultado de un compromiso inquebrantable con la excelencia, la innovación constante, la determinación implacable y la

Sal ya de tu zona de confort.

voluntad de aprender y crecer. Son la manifestación de la capacidad humana de superar los límites, desafiar las expectativas y crear un impacto duradero en el mundo. A medida que celebramos y admiramos estos logros notables, también nos inspiran a seguir persiguiendo nuestras propias metas con pasión y dedicación, con la esperanza de que, algún día, también podamos alcanzar resultados extraordinarios.

Esfuérzate" es un mandato simple pero poderoso que encierra en sí mismo un mundo de significado y potencial. Es una llamada a la acción que trasciende las palabras y se sumerge en la esencia misma de la humanidad. Cuando nos esforzamos, estamos aprovechando una fuerza innata que reside dentro de cada uno de nosotros: la voluntad de superación y la determinación de alcanzar nuestros objetivos y aspiraciones.

El esfuerzo no es solo una acción física; es una expresión de nuestra voluntad y compromiso. Es el motor que nos impulsa a superar obstáculos, a perseverar en momentos difíciles y a avanzar hacia el logro de nuestros sueños. Es una declaración audaz de que estamos dispuestos a invertir tiempo, energía y recursos en la búsqueda de nuestros objetivos, sin importar cuán desafiantes puedan ser.

El esfuerzo también es un recordatorio de que el camino hacia el éxito rara vez es fácil. En la búsqueda de nuestros sueños, enfrentaremos desafíos, fracasos y momentos de duda. Pero es precisamente en estos momentos de dificultad donde el esfuerzo se vuelve más valioso. Nos recuerda que el verdadero progreso se logra a través de la perseverancia y la dedicación constante.

La capacidad de esforzarse va de la mano con la resiliencia. Cuando nos esforzamos, desarrollamos la fortaleza necesaria para superar las adversidades. Aprendemos a adaptarnos, a aprender de nuestros errores y a seguir adelante con una determinación renovada. En lugar de rendirnos cuando las cosas se ponen difíciles, encontramos la fuerza para seguir adelante.

El esfuerzo también está intrínsecamente relacionado con el crecimiento personal. A medida que nos esforzamos por alcanzar nuestros objetivos, adquirimos nuevas habilidades, conocimientos y experiencias. Este proceso de aprendizaje y crecimiento nos enriquece como individuos y amplía nuestros horizontes.

El esfuerzo no es exclusivo de un área particular de la vida. Es aplicable en todos los aspectos, desde el desarrollo profesional hasta la vida personal. Ya sea que estemos persiguiendo una carrera exitosa, buscando mejorar nuestras relaciones personales o trabajando para alcanzar metas de salud y bienestar, el esfuerzo es la clave para lograr resultados significativos.

En última instancia, el llamado a "esforzarse" nos invita a abrazar una mentalidad de superación y a comprometernos plenamente con nuestros objetivos. Nos desafía a superar la complacencia y a perseguir una vida llena de logros y significado. El esfuerzo es el motor de la grandeza humana, la chispa que enciende

Sal ya de tu zona de confort.

el camino hacia un futuro más brillante y prometedor. Cuando nos esforzamos, demostramos nuestra capacidad infinita para crecer, aprender y lograr lo que parecía imposible. Es un llamado a vivir con pasión y propósito, y a nunca dejar de luchar por lo que más valoramos. En última instancia, es un recordatorio de que, en el esfuerzo constante, encontramos el verdadero significado y la realización en nuestras vidas.

La magia de pensar en grande. Reside en la capacidad de la mente humana para concebir y perseguir visiones audaces y ambiciosas. Es un proceso de expansión mental que va más allá de las limitaciones autoimpuestas y desafía las creencias convencionales sobre lo que es posible. Pensar en grande es un acto de valentía intelectual y un compromiso con la búsqueda de una vida extraordinaria. Cuando una persona comienza a pensar en grande, está rompiendo las barreras mentales que limitan su potencial. Es como abrir una puerta a un mundo de posibilidades infinitas. La mente se libera de las restricciones autoimpuestas y se aventura en territorios desconocidos, donde los sueños audaces se convierten en metas alcanzables. La magia de pensar en grande está en la capacidad de visualizar un futuro brillante y emocionante. Es como pintar un lienzo mental con los colores de la ambición y la creatividad. Cuando pensamos en grande, creamos una visión clara de lo que queremos lograr en la vida. Esta visión se convierte en nuestro faro, nuestra brújula interna que nos guía a medida que avanzamos hacia nuestras metas.

Sal ya de tu zona de confort.

Pensar en grande nos impulsa a superar los obstáculos y desafíos con determinación y valentía. Sabemos que el camino hacia el éxito no será fácil, pero estamos dispuestos a enfrentarlo con una determinación inquebrantable. Los desafíos se convierten en oportunidades de aprendizaje y crecimiento, y cada obstáculo superado nos acerca un paso más a nuestra visión.

La magia de pensar en grande también radica en la forma en que inspira a los demás. Cuando compartimos nuestras metas audaces y nuestra visión emocionante, contagiamos a quienes nos rodean con entusiasmo y motivación. Nuestra pasión y compromiso son contagiosos, y podemos influir positivamente en las vidas de los demás al demostrar que los sueños no tienen límites.

Pensar en grande nos lleva a establecer metas elevadas y a esforzarnos por alcanzarlas. No nos conformamos con la mediocridad ni aceptamos el conformismo. En cambio, buscamos la excelencia en todo lo que hacemos y nos esforzamos por superarnos constantemente.

La magia de pensar en grande también está en la capacidad de ver oportunidades donde otros ven obstáculos. No nos dejamos desanimar por el fracaso, sino que lo vemos como un trampolín hacia el éxito. Cada fracaso nos acerca más a nuestro objetivo final, y cada desafío nos brinda la oportunidad de aprender y crecer.

En esencia la magia de pensar en grande reside en la capacidad de la mente humana para imaginar un futuro extraordinario y luego trabajar incansablemente para convertir esa visión en realidad. Es un acto de valentía, pasión y compromiso que nos lleva a desafiar los límites de lo que creemos posible. Cuando pensamos en grande, desencadenamos un poderoso potencial interno que puede transformar nuestras vidas y, en última instancia, el mundo que nos rodea. Es un recordatorio constante de que la grandeza se encuentra al alcance de aquellos que se atreven a soñar en grande y a trabajar incansablemente para alcanzar esos sueños.

La autenticidad. Es una cualidad humana profundamente valiosa y esencial que trasciende las máscaras sociales y las apariencias superficiales. Es el acto de ser fiel a uno mismo, de vivir de acuerdo con nuestras propias creencias, valores y principios en lugar de tratar de encajar en las expectativas de los demás o en los estándares impuestos por la sociedad. La autenticidad es un acto de valentía y autoaceptación que nos permite abrazar nuestra verdadera esencia y vivir una vida genuina y significativa.

En un mundo donde a menudo nos vemos presionados para conformarnos con las normas sociales, la autenticidad es un faro de luz que nos guía hacia la verdad interior. Comienza con el autoconocimiento, con la comprensión profunda de quiénes somos en realidad, qué valoramos y cuáles son nuestras metas y aspiraciones auténticas. Reconocer y abrazar nuestras propias singularidades, incluso aquellas que pueden parecer imperfectas o diferentes, es un paso crucial hacia la autenticidad.

Sal ya de tu zona de confort.

La autenticidad implica vivir sin miedo al juicio de los demás. Cuando somos auténticos, estamos dispuestos a mostrar nuestras vulnerabilidades y ser honestos sobre nuestras experiencias y emociones. No nos escondemos detrás de máscaras o fachadas, sino que compartimos nuestra verdadera naturaleza con valentía y sinceridad. Esta apertura y honestidad nos conecta profundamente con los demás, ya que les permite vernos como seres humanos reales y no como proyecciones artificiales.

Ser auténtico no significa ser impulsivo o descuidado en nuestras acciones y palabras, sino ser consciente y deliberado en cómo nos presentamos al mundo.

Implica vivir de acuerdo con nuestros valores centrales y actuar de manera coherente con lo que creemos y valoramos. Esto a menudo requiere tomar decisiones difíciles y mantener límites saludables, incluso cuando enfrentamos presiones externas para conformarnos.

La autenticidad también se manifiesta en la congruencia entre nuestras palabras y acciones. Cuando decimos lo que queremos decir y hacemos lo que decimos, construimos una base sólida de confianza y credibilidad en nuestras relaciones personales y profesionales. La coherencia entre lo que decimos y lo que hacemos refuerza nuestra integridad y fortalece nuestras conexiones con los demás.

Uno de los aspectos más hermosos de la autenticidad es cómo nos permite vivir una vida más significativa y satisfactoria. Cuando somos auténticos, estamos alineados con nuestro propósito y nuestras pasiones. Esto nos da un sentido profundo de realización y plenitud, ya que nuestras acciones y elecciones

Sal ya de tu zona de confort.

reflejan nuestros verdaderos deseos y valores. En resumen, la autenticidad es un regalo que nos damos a nosotros mismos y a los demás. Es el acto de vivir desde el corazón, abrazando nuestra verdadera esencia y compartiéndola con el mundo. La autenticidad nos permite construir relaciones genuinas y significativas, vivir una vida coherente con nuestros valores y encontrar un propósito profundo y satisfacción en cada día. Es un recordatorio constante de que, en un mundo lleno de ruido y apariencias, lo más valioso que podemos ofrecer es simplemente ser nosotros mismos.

CAPITULO 11

CONSTRUYE UNA VIDA DE LOGROS CONSTANTES

La grandeza no se logra buscando la admiración de los demás, sino inspirando a otros a encontrar su propia grandeza."

Sal ya de tu zona de confort.

Construir una vida es una tarea profundamente significativa que involucra la creación deliberada de un camino personal que refleje nuestros valores, aspiraciones y sueños más profundos. Es un proceso en constante evolución, un viaje que implica elecciones conscientes, adaptación a las circunstancias cambiantes y la búsqueda constante de la realización personal.

La construcción de una vida comienza con una base sólida de autoconocimiento. Antes de tomar cualquier decisión significativa, debemos entender quiénes somos realmente. Esto incluye comprender nuestras fortalezas, debilidades, valores y pasiones. Al conocernos a nosotros mismos, podemos tomar decisiones que estén alineadas con nuestra verdadera esencia.

Una de las piedras angulares de la construcción de una vida satisfactoria es la definición de metas y objetivos claros. Establecer metas nos da un sentido de dirección y propósito. Nos permite visualizar el futuro que deseamos y trabajar de manera constante y deliberada hacia él. Sin metas, corremos el riesgo de sentirnos perdidos y sin rumbo en la vida.

Sin embargo, la vida rara vez sigue un camino lineal y predecible. A lo largo de nuestra travesía, enfrentaremos desafíos, obstáculos y cambios inesperados. La construcción de una vida implica la capacidad de adaptarse y aprender de las adversidades. Es en los momentos de dificultad donde forjamos nuestro carácter y descubrimos nuestra verdadera fortaleza.

Sal ya de tu zona de confort.

La construcción de una vida también implica tomar decisiones significativas sobre las relaciones personales. Las conexiones humanas son una parte fundamental de nuestra existencia, y la calidad de nuestras relaciones puede tener un impacto profundo en nuestra felicidad y bienestar. Cultivar relaciones auténticas y significativas, basadas en el respeto mutuo y el apoyo, es esencial para construir una vida satisfactoria.

Una vida significativa no solo se trata de logros personales, sino también de contribuciones a los demás y al mundo en general. El servicio a los demás y el altruismo pueden brindar un sentido profundo de satisfacción y propósito. Construir una vida implica considerar cómo podemos hacer del mundo un lugar mejor y cómo nuestras acciones pueden tener un impacto positivo en la vida de los demás.

Además, la construcción de una vida incluye cuidar de uno mismo, tanto física como emocionalmente. La salud y el bienestar son pilares fundamentales para vivir una vida plena. Esto implica tomar decisiones saludables en términos de alimentación, ejercicio, descanso y gestión del estrés. Cuidar de nuestra salud mental y emocional también es esencial, lo que puede incluir buscar apoyo profesional cuando sea necesario.

El propósito de construir una vida es un acto consciente y deliberado de autodescubrimiento y autorealización. Es un viaje que implica establecer metas claras, adaptarse a los desafíos, cultivar relaciones significativas y contribuir al mundo que nos rodea. Es un proceso que se nutre de la reflexión, la determinación y el compromiso de vivir una vida que

Sal ya de tu zona de confort.

sea auténtica, significativa y llena de propósito. Cada día es una oportunidad para continuar construyendo y dando forma a la vida que deseamos vivir.

Los logros constantes. A lo largo de la vida, son una manifestación del compromiso, la perseverancia y la búsqueda implacable de la excelencia. Son el resultado de un enfoque constante en metas y objetivos, incluso cuando los obstáculos parecen insuperables. Estos logros representan un viaje de autodescubrimiento y crecimiento continuo, donde cada hito alcanzado es una oportunidad para avanzar aún más.

La consistencia en los logros es una disciplina que se cultiva con el tiempo. Implica establecer objetivos claros y trabajar de manera constante hacia ellos, independientemente de las circunstancias externas o los obstáculos que puedan surgir. Es el acto de mantener el rumbo incluso cuando la motivación fluctúa y cuando la vida presenta desafíos inesperados. Una de las claves para lograr el éxito constante es la mentalidad de crecimiento. Aquellos que alcanzan logros de manera continua ven los fracasos y los desafíos como oportunidades para aprender y mejorar. No se desaniman por los contratiempos, sino que los utilizan como escalones para avanzar hacia metas más altas.

La consistencia en los logros también requiere un enfoque en la autodisciplina. Significa hacer elecciones conscientes y mantener hábitos que apoyen los objetivos a largo plazo. Esto puede incluir la gestión efectiva del tiempo, la priorización de tareas y el mantenimiento de la concentración en metas importantes.

La paciencia es otra virtud fundamental en la búsqueda de logros constantes. A menudo, el éxito no es instantáneo y puede requerir años de trabajo arduo antes de que se vean resultados significativos. Aquellos que buscan logros constantes comprenden que el progreso puede ser gradual y están dispuestos a invertir el tiempo necesario para alcanzar sus objetivos.

El apoyo y la colaboración también desempeñan un papel importante en la búsqueda de logros constantes. Nadie alcanza el éxito en un vacío. La capacidad de trabajar en equipo y aprovechar las habilidades y conocimientos de otros puede acelerar el proceso y enriquecer el resultado final.

Los logros constantes no se limitan a un solo ámbito de la vida. Pueden abarcar áreas profesionales, personales, académicas o creativas. La clave es mantener una mentalidad de mejora continua y aplicar la misma ética de trabajo y compromiso en todos los aspectos de la vida.

En última instancia, los logros constantes son un testimonio de la determinación humana y la capacidad de superar obstáculos. Son un recordatorio de que la grandeza se encuentra al alcance de aquellos que se comprometen a perseguir sus sueños con pasión y consistencia. Cada logro constante es un paso adelante en el camino de la autorrealización y una celebración de la capacidad humana de alcanzar alturas cada vez mayores. Es un recordatorio

Sal ya de tu zona de confort.

constante de que, a través del esfuerzo constante y el enfoque en metas significativas, podemos forjar un camino de logros que perdure a lo largo del tiempo y deje una huella duradera en el mundo

Perseguir tus sueños. Es un llamado profundo que reside en el corazón de la experiencia humana. Representa la búsqueda de lo extraordinario, la realización personal y la creencia en la posibilidad de alcanzar lo aparentemente inalcanzable. Es un recordatorio de que dentro de cada uno de nosotros hay un potencial ilimitado esperando ser liberado a través del esfuerzo y la determinación.

Los sueños son como destellos de luz en la oscuridad, guías que nos inspiran y nos impulsan a avanzar. Pueden variar ampliamente, desde ambiciones profesionales y metas personales hasta visiones de un mundo mejor. Lo que todos estos sueños tienen en común es su capacidad para infundir significado y propósito en nuestras vidas.

El proceso de perseguir tus sueños es un viaje intrincado y transformador. Comienza con la claridad de visión, con la capacidad de imaginar un futuro en el que tus sueños se hayan convertido en realidad. Esta visión es tu faro, tu guía a través de las aguas tumultuosas de la vida. Te ayuda a mantener el rumbo cuando enfrentas desafíos y a tomar decisiones que estén alineadas con tus objetivos.

Sin embargo, perseguir tus sueños no es un camino sin obstáculos. A lo largo del viaje, enfrentarás dudas, críticas y obstáculos aparentemente insuperables.

Sal ya de tu zona de confort.

Estos desafíos son pruebas de tu compromiso y determinación. Te desafían a superar tus límites y a demostrar cuánto deseas realmente alcanzar tus sueños.

La perseverancia es una cualidad fundamental en la persecución de los sueños. Significa levantarte una y otra vez después de cada caída, incluso cuando el camino se vuelve arduo y desalentador. La perseverancia es la fuerza que te permite superar los obstáculos y los fracasos temporales, sabiendo que cada desafío te acerca un paso más a tu destino. Perseguir tus sueños también implica tomar medidas concretas y consistentes. No es suficiente tener una visión; debes estar dispuesto a actuar y avanzar hacia tus metas. Esto puede requerir educación, formación, esfuerzo constante y la voluntad de aprender de tus errores.

Además, la perseverancia en la persecución de tus sueños a menudo implica tomar riesgos. Significa enfrentar lo desconocido y salir de tu zona de confort. Es un acto de valentía que te lleva a explorar nuevos territorios y a descubrir tu verdadero potencial. Perseguir tus sueños no es un viaje solitario. Puede ser un esfuerzo compartido con amigos, familiares y mentores que te apoyen en tu camino. El apoyo emocional y la orientación pueden ser invaluables cuando enfrentas desafíos y dudas.

En última instancia, perseguir tus sueños es un acto de autenticidad y autodeterminación. Es una afirmación de que tu vida es tuya para vivirla de la manera que elijas, y que estás dispuesto a trabajar incansablemente para dar vida a tus visiones. Es un

Sal ya de tu zona de confort.

recordatorio constante de que la grandeza está al alcance de aquellos que tienen el coraje de perseguir sus sueños y la determinación de no renunciar ante la adversidad. Cada paso en tu viaje hacia la realización de tus sueños es una celebración de la capacidad humana para transformar la imaginación en realidad.

Deja una huella. Es una invitación a considerar el impacto que dejamos en el mundo y en la vida de los demás. Es un recordatorio de que nuestras acciones, palabras y elecciones tienen el poder de influir en el curso de la historia y en la experiencia de las personas que nos rodean. Pero, ¿qué significa realmente "dejar una huella" y cómo podemos hacerlo de manera significativa?

Dejar una huella no implica necesariamente buscar la fama o el reconocimiento público. No se trata de dejar una marca duradera para el beneficio propio, sino de contribuir al bienestar y al progreso de la humanidad en su conjunto. Es un acto de generosidad y servicio desinteresado que trasciende el ego y el interés personal.

Cada uno de nosotros tiene el poder de dejar una huella en el mundo a través de nuestras acciones cotidianas. A veces, esto puede manifestarse en actos pequeños pero significativos, como mostrar amabilidad a un extraño, brindar apoyo a un amigo en dificultades o tomar decisiones que cuiden del medio ambiente. Estas acciones, aparentemente modestas, pueden tener un impacto profundo en la vida de quienes las experimentan.

Sal ya de tu zona de confort.

Dejar una huella también puede tomar la forma de un compromiso de por vida con una causa o una misión que nos apasione. Puede ser la dedicación a la educación, la lucha por la justicia social, el trabajo en la atención médica o cualquier otra área en la que sintamos una profunda conexión y propósito. Al comprometernos con una causa, contribuimos a crear un cambio significativo en el mundo y a dejar una huella perdurable.

La educación y la mentoría son vías poderosas para dejar una huella en la vida de otros. Al compartir conocimientos, experiencias y sabiduría con las generaciones más jóvenes, podemos influir en su desarrollo y ayudarles a alcanzar su potencial máximo. Los maestros, entrenadores y mentores a menudo dejan huellas imborrables en las vidas de quienes han tenido el privilegio de aprender de ellos.

Dejar una huella también puede involucrar la creación de obras artísticas, literarias o científicas que perduren en el tiempo. Estas creaciones tienen el poder de inspirar a otros, de   desafiar   el pensamiento convencional y de abrir nuevas perspectivas. Los artistas, escritores, científicos y visionarios a menudo dejan una huella indeleble en la cultura y la historia humana a través de sus contribuciones.

Más allá de tu zona de confort.

Sin embargo, dejar una huella no siempre requiere acciones extraordinarias o grandiosas. Puede ser tan simple como escuchar con empatía, ofrecer una sonrisa a alguien que lo necesita o actuar con integridad y ética en cada decisión que tomamos en la vida cotidiana.

Dejar una huella" es una invitación a reflexionar sobre el impacto que queremos tener en el mundo y en la vida de los demás. Es un recordatorio de que cada uno de nosotros tiene el poder y la responsabilidad de contribuir al bienestar y al progreso de la humanidad. Al tomar decisiones conscientes, mostrar amabilidad y servir a los demás, creamos un legado que perdura mucho después de que hayamos pasado. Es un recordatorio constante de que nuestras acciones, por modestas que parezcan, tienen el potencial de crear un mundo más amoroso, compasivo y significativo para las generaciones futuras.

Ser un maestro es más que una profesión.

Es un llamado y una vocación. Implica la noble tarea de guiar, inspirar y transformar vidas a través del conocimiento y la educación. Ser un maestro es un compromiso profundo con el aprendizaje, el crecimiento personal y el empoderamiento de otros. Un maestro, en el sentido más amplio, no se limita al aula de clases. Puede ser un mentor, un entrenador, un padre, un amigo o cualquier persona que comparta su sabiduría y experiencia para enriquecer la vida de los demás. La enseñanza no se trata solo de transmitir información, sino de cultivar el pensamiento crítico, la empatía y la capacidad de resolución de problemas. La enseñanza es un acto de generosidad. Es dar sin esperar nada a cambio, con la esperanza de que el conocimiento y las lecciones compartidas tengan un impacto positivo en la vida de los demás. Un maestro se preocupa profundamente por el progreso y el bienestar de sus alumnos, y está dispuesto a invertir tiempo y esfuerzo en su desarrollo.

Ser un maestro también implica un compromiso con el aprendizaje constante. A medida que el mundo evoluciona y cambia, un maestro se mantiene actualizado, adquiere nuevas habilidades y se adapta a las necesidades de sus alumnos. La humildad de reconocer que siempre hay más por aprender es una característica fundamental de un maestro.

La paciencia es una virtud esencial en la enseñanza. Cada alumno es único y tiene su propio ritmo de aprendizaje. Un maestro comprende que el proceso de adquirir conocimiento y habilidades puede ser gradual y que requiere repetición y práctica. La paciencia y la empatía son clave para ayudar a los estudiantes a superar desafíos y dificultades.

Un maestro también es un modelo a seguir. Los valores y la ética del maestro influyen en la forma en que los estudiantes ven el mundo y toman decisiones en sus propias vidas. Un maestro inspira a través de su ejemplo y actúa como guía moral.

La enseñanza va más allá de la transmisión de información; es una conexión humana profunda. Un maestro escucha, comprende y se preocupa por las necesidades de sus estudiantes. Fomenta un ambiente de confianza y respeto mutuo donde los alumnos se sienten seguros para expresar sus pensamientos y preguntas.

En retrospectiva ser un maestro es un acto de amor y servicio. Es una forma de dejar una huella duradera en el mundo al enriquecer las vidas de los demás. Un maestro tiene el poder de inspirar a las generaciones futuras, de abrir puertas a oportunidades y de impulsar el cambio positivo en la sociedad. Es un recordatorio constante de que el conocimiento y la educación son fuerzas poderosas que pueden iluminar el camino hacia un mundo más brillante y compasivo. Ser un maestro es un regalo para quienes enseñamos y para quienes aprenden, y es una contribución valiosa al bienestar de la humanidad.

La vida es un viaje extraordinario, Un camino que se extiende ante nosotros como un lienzo en blanco, listo para ser pintado con los colores de nuestras elecciones y acciones. En este viaje, cada uno de nosotros es el arquitecto de su propio destino, y la construcción de ese destino es un acto de profundo significado y responsabilidad.

Edificar tu destino es un compromiso con la autodeterminación y la creación deliberada de la vida que deseas vivir. Es reconocer que tienes el poder de influir en tu propio camino y que no estás limitado por circunstancias pasadas o externas. A través de tus elecciones y acciones, puedes dar forma a tu destino de una manera que refleje tus valores, aspiraciones y sueños más profundos.

Este proceso de construcción comienza con la claridad de visión. Tener una visión clara de lo que deseas lograr en la vida es como tener un plano arquitectónico que guía la construcción de un edificio. Tu visión es tu brújula, tu faro en la oscuridad, que te indica la dirección en la que debes avanzar. Es una imagen vívida de tu destino deseado, y es un recordatorio constante de lo que estás trabajando para lograr. La determinación y la perseverancia son los cimientos de la construcción de tu destino. A medida que avanzas hacia tus metas, seguramente encontrarás obstáculos y desafíos. Pero es precisamente en esos momentos cuando tu determinación se pone a prueba. La perseverancia es la voluntad de seguir adelante, incluso cuando el camino se vuelve difícil. Es la fuerza que te impulsa a superar obstáculos y a nunca renunciar a tus sueños.

La adaptabilidad es otra cualidad clave en la construcción de tu destino. La vida es dinámica y cambia constantemente. A veces, es necesario ajustar tus planes y enfoques a medida que surgen nuevas circunstancias. La capacidad de adaptarte y aprender de las experiencias es esencial para seguir avanzando en la construcción de tu destino.

El aprendizaje constante también es fundamental. La construcción de tu destino implica adquirir nuevas habilidades, conocimientos y perspectivas a lo largo del camino. Estás en un continuo proceso de crecimiento personal y desarrollo. Aprovechas cada experiencia, ya sea un éxito o un fracaso, como una oportunidad de aprendizaje.

La construcción de tu destino no es un esfuerzo solitario. Las relaciones y conexiones humanas desempeñan un papel crucial en este proceso. La colaboración, el apoyo mutuo y la construcción de redes pueden ampliar tus oportunidades y enriquecer tu experiencia de vida.

Sal ya de tu zona de confort.

En última instancia, la construcción de tu destino es un acto de autenticidad y autoafirmación. Es la creación de una vida que refleja quién eres en tu núcleo más profundo, una vida que está alineada con tus valores y creencias. No es solo un destino final, sino un viaje continuo de autodescubrimiento y crecimiento.

La construcción de tu destino es un acto de valentía y una afirmación de tu capacidad para tomar el control de tu vida. Es un recordatorio constante de que tienes el poder de ser el arquitecto de tu propio destino y de que tu vida es una obra maestra en construcción. Cada elección que haces y cada acción que tomas contribuyen a la edificación de tu destino, y cada día es una oportunidad para avanzar hacia la vida que deseas vivir.

En el viaje de la vida. Todos anhelamos dejar una huella que perdure en el tiempo, un legado que trascienda nuestra existencia efímera. Estos anhelos se traducen en la búsqueda de logros duraderos, hitos y contribuciones que resistirán la prueba del tiempo y continuarán inspirando y beneficiando a las generaciones futuras.

Los logros duraderos no se miden en términos de fama, riqueza o poder momentáneo, sino en términos de impacto sostenido y significativo. Son manifestaciones de la dedicación, la pasión y la perseverancia que un individuo o un grupo invierte en la realización de metas y objetivos que trascienden el aquí y el ahora.

Uno de los rasgos distintivos de los logros duraderos es su capacidad para influir en múltiples áreas de la vida humana. Pueden ser avances científicos que revolucionan la medicina, obras de arte que inspiran la creatividad o movimientos sociales que transforman la sociedad. Los logros duraderos a menudo surgen de la intersección de la visión audaz y la acción decidida. El proceso de lograr resultados que perduren requiere una mentalidad de largo plazo. Implica la capacidad de mirar más allá de las recompensas inmediatas y de invertir tiempo y esfuerzo en la construcción de una base sólida para el futuro. La paciencia es una virtud esencial, ya que los logros duraderos a menudo se desarrollan a lo largo de años o incluso décadas. La resiliencia es otro componente clave en la búsqueda de logros duraderos. El camino hacia el éxito está pavimentado con desafíos, fracasos y obstáculos inesperados. Los que logran resultados duraderos no se desaniman ante estos obstáculos, sino que los utilizan como oportunidades para aprender y crecer. La capacidad de recuperación y adaptación es lo que les permite perseverar a pesar de las dificultades.

La colaboración también desempeña un papel importante en la creación de logros duraderos. Nadie alcanza la grandeza en soledad. Los logros duraderos a menudo son el resultado de equipos talentosos y comprometidos que trabajan juntos para alcanzar una visión compartida. La sinergia que se produce cuando las mentes y los corazones se unen en pos de un objetivo común puede dar lugar a resultados verdaderamente excepcionales.

Es fundamental recordar que los logros duraderos no siempre son monumentales en su escala. Pueden manifestarse en actos de bondad cotidiana, en relaciones interpersonales profundas y en la influencia positiva en las vidas de los demás. Lo que hace que un logro sea duradero es su capacidad de dejar una marca

Sal ya de tu zona de confort.

en el corazón de las personas y de contribuir de manera significativa al bienestar de la humanidad.

En última instancia, la búsqueda de logros duraderos es un reflejo de la aspiración humana de trascender los límites del tiempo y dejar una huella indeleble en el mundo. Es un testimonio de nuestra capacidad de soñar en grande, de perseverar ante la adversidad y de hacer una diferencia duradera en las vidas de los demás. Los logros duraderos son un legado que trasciende a quienes los han creado, inspirando a otros a seguir adelante en la búsqueda de la grandeza y a recordar que la verdadera grandeza está en el impacto que dejamos en el mundo.

CAPITULO 12

AVENTÚRATE MÁS ALLÁ DE TUS LÍMITES.

El destino solo favorece a quienes están dispuestos a enfrentar los desafíos con valentía y determinación."

Sal ya de tu zona de confort.

Aventúrate Más Allá de tus Límites.

En el vasto y misterioso viaje que es la vida, a menudo encontramos fronteras que parecen insuperables, barreras que nos limitan y desafíos que nos asustan. Son estos momentos de incertidumbre y miedo los que definen la esencia de nuestra existencia. Pero, ¿qué sucede si nos atrevemos a aventurarnos más allá de esos límites autoimpuestos? ¿Qué tesoros ocultos, conocimiento profundo y experiencias inolvidables aguardan en el otro lado?

El concepto de aventurarse más allá de los límites es intrínsecamente humano. Desde el principio de los tiempos, hemos sido exploradores, buscadores de lo desconocido. Desde los primeros pasos fuera de las cavernas hasta los viajes a la luna y la exploración de las profundidades del océano, nuestra especie ha demostrado una y otra vez su capacidad para ir más allá de lo que alguna vez se consideró posible. Esta inquietud innata de explorar y aventurarse es lo que nos ha llevado a descubrir, aprender y crecer. El miedo es el principal obstáculo que nos impide aventurarnos más allá de nuestros límites. El miedo al fracaso, al rechazo, al dolor o al juicio de los demás es lo que a menudo nos detiene en nuestra zona de confort. Sin embargo, es importante entender que el miedo es solo una percepción, una ilusión que nuestros cerebros han desarrollado para mantenernos a salvo. Pero, ¿qué es la vida sin riesgo?

Sal ya de tu zona de confort.

Aventurarse más allá de los límites no necesariamente significa lanzarse a lo desconocido sin preparación. Significa reconocer que el crecimiento y la transformación requieren que desafiemos nuestras creencias limitantes, que superemos obstáculos y que estemos dispuestos a aprender de nuestras experiencias, incluso de los fracasos. Es un acto de valentía y determinación, un compromiso con la autosuperación constante.

A medida que nos aventuramos más allá de nuestros límites, descubrimos una riqueza de experiencias que enriquecen nuestras vidas de maneras inimaginables. Aprendemos lecciones valiosas sobre nosotros mismos y el mundo que nos rodea. Nos damos cuenta de que somos más fuertes y resistentes de lo que creíamos, capaces de enfrentar desafíos que antes parecían insuperables.

La aventura no se limita a la exploración física del mundo. También implica una búsqueda interna, un viaje hacia nuestro propio ser. A medida que nos aventuramos más allá de nuestros límites emocionales e intelectuales, desarrollamos una comprensión más profunda de quiénes somos y de nuestro propósito en la vida. Descubrimos nuevas pasiones, talentos y objetivos que nos inspiran a seguir avanzando.

En última instancia, aventurarse más allá de los límites nos permite vivir una vida más plena y significativa. Nos libera de las cadenas del conformismo y nos impulsa a alcanzar nuestro potencial máximo. Nos recuerda que la vida es una aventura en sí misma, y que cada día es una oportunidad para explorar, crecer y evolucionar.

Así que, ¿qué estás esperando? Aventúrate más allá de tus límites. Abraza el miedo como un compañero de

Sal ya de tu zona de confort.

viaje, no como un enemigo. Enfréntate a los desafíos con determinación y humildad. Descubre quién eres realmente y qué maravillas aguardan en tu camino. La vida es una aventura, y solo aquellos que se atreven a explorar más allá de sus límites pueden descubrir su verdadera

No Hay Crecimiento Sin Desafíos.

La vida, en su esencia, es un continuo flujo de experiencias y aprendizajes. Cada día nos presenta oportunidades y obstáculos, y es nuestra capacidad para enfrentar estos desafíos lo que determina en última instancia nuestro crecimiento y desarrollo. En este eterno ciclo de cambios y desafíos, surge una verdad innegable: no hay crecimiento sin desafíos. Los desafíos son las fuerzas motrices que nos impulsan a evolucionar. Son los momentos en los que nos vemos obligados a salir de nuestra zona de confort, a cuestionar nuestras creencias y a buscar soluciones creativas. Aunque pueden parecer abrumadores en el momento, son estas mismas pruebas las que nos permiten descubrir nuestro potencial más profundo. Imagina la semilla de un árbol. Cuando se planta en tierra fértil, comienza a crecer y desarrollarse. Sin embargo, para que esta semilla se convierta en un árbol fuerte y resistente, necesita enfrentar desafíos en forma de cambios climáticos, sequías, vientos fuertes y otros obstáculos naturales. Estos desafíos obligan a la planta a fortalecer sus raíces y desarrollar estrategias de supervivencia. De manera similar, los desafíos en nuestra vida son como el viento y la lluvia que fortalecen nuestro ser interior.

Sal ya de tu zona de confort.

Uno de los desafíos más comunes en la vida es el fracaso. A menudo, tememos el fracaso y lo evitamos a toda costa. Pero, en realidad, el fracaso es una parte integral del proceso de crecimiento. Cada fracaso contiene lecciones valiosas que nos ayudan a mejorar y avanzar. Es a través del fracaso que aprendemos a ser resilientes, a adaptarnos y a perseverar. Otro desafío importante es el cambio. La vida está en constante evolución, y a veces, enfrentamos cambios que no esperábamos o no deseábamos. Sin embargo, es en momentos de cambio que tenemos la oportunidad de reevaluar nuestras metas y prioridades. El cambio nos invita a ser flexibles y a adaptarnos a nuevas circunstancias, lo que a menudo resulta en un crecimiento significativo.

Los desafíos también nos obligan a superar nuestras limitaciones autoimpuestas. A menudo subestimamos nuestras propias habilidades y nos conformamos con menos de lo que merecemos. Pero cuando nos enfrentamos a desafíos, nos vemos obligados a descubrir recursos internos que ni siquiera sabíamos que teníamos. Esto nos muestra que somos más fuertes y capaces de lo que creíamos.

Sal ya de tu zona de confort.

No obstante, es importante señalar que no todos los desafíos son iguales, y no todos los desafíos conducen automáticamente al crecimiento. El crecimiento requiere una actitud consciente y la voluntad de aprender de las experiencias. Es un proceso que implica autorreflexión, adaptación y perseverancia.

Esto nos demuestra que el crecimiento sin desafíos son oportunidades disfrazadas que nos permiten desarrollarnos, aprender y evolucionar. En lugar de temerlos o evitarlos, debemos abrazarlos como compañeros en nuestro viaje de autodescubrimiento y desarrollo personal. A través de la adversidad, encontramos nuestra fuerza interior y alcanzamos nuevas alturas en nuestra búsqueda de una vida plena y significativa

Aventúrate Más Allá de tus Límites.

En el vasto y misterioso viaje que es la vida, a menudo encontramos fronteras que parecen insuperables, barreras que nos limitan y desafíos que nos asustan. Son estos momentos de incertidumbre y miedo los que definen la esencia de nuestra existencia. Pero, ¿qué sucede si nos atrevemos a aventurarnos más allá de esos límites autoimpuestos? ¿Qué tesoros ocultos, conocimiento profundo y experiencias inolvidables aguardan en el otro lado?

El concepto de aventurarse más allá de los límites es intrínsecamente humano. Desde el principio de los tiempos, hemos sido exploradores, buscadores de lo desconocido. Desde los primeros pasos fuera de las cavernas hasta los viajes a la luna y la exploración de las profundidades del océano, nuestra especie ha demostrado una y otra vez su capacidad para ir más allá de lo que alguna vez se consideró posible. Esta inquietud innata de explorar y aventurarse es lo que nos ha llevado a descubrir, aprender y crecer.

El miedo es el principal obstáculo que nos impide aventurarnos más allá de nuestros límites. El miedo al fracaso, al rechazo, al dolor o al juicio de los demás es lo que a menudo nos detiene en nuestra zona de confort. Sin embargo, es importante entender que el miedo es solo una percepción, una ilusión que nuestros cerebros han desarrollado para mantenernos a salvo. Pero, ¿qué es la vida sin riesgo? ¿Qué es el crecimiento sin desafío?

Aventurarse más allá de los límites no necesariamente significa lanzarse a lo desconocido sin preparación. Significa reconocer que el crecimiento y la transformación requieren que desafiemos nuestras creencias limitantes, que superemos obstáculos y que estemos dispuestos a aprender de nuestras experiencias, incluso de los fracasos. Es un acto de valentía y determinación, un compromiso con la autosuperación constante.

A medida que nos aventuramos más allá de nuestros límites, descubrimos una riqueza de experiencias que enriquecen nuestras vidas de maneras inimaginables. Aprendemos lecciones valiosas sobre nosotros mismos y el mundo que nos rodea. Nos damos cuenta de que somos más fuertes y resistentes de lo que creíamos, capaces de enfrentar desafíos que antes parecían insuperables.

La aventura no se limita a la exploración física del mundo. También implica una búsqueda interna, un viaje hacia nuestro propio ser. A medida que nos

Sal ya de tu zona de confort.

aventuramos más allá de nuestros límites emocionales e intelectuales, desarrollamos una comprensión más profunda de quiénes somos y de nuestro propósito en la vida. Descubrimos nuevas pasiones, talentos y objetivos que nos inspiran a seguir avanzando.

En última instancia, aventurarse más allá de los límites nos permite vivir una vida más plena y significativa. Nos libera de las cadenas del conformismo y nos impulsa a alcanzar nuestro potencial máximo. Nos recuerda que la vida es una aventura en sí misma, y que cada día es una oportunidad para explorar, crecer y evolucionar. Así que, ¿qué estás esperando? Aventúrate más allá de tus límites. Abraza el miedo como un compañero de viaje, no como un enemigo. Enfréntate a los desafíos con determinación y humildad. Descubre quién eres realmente y qué maravillas aguardan en tu camino. La vida es una aventura, y solo aquellos que se atreven a explorar más allá de sus límites pueden descubrir su verdadera magnitud.

Sal ya de tu zona de confort.

Autorreflexión: El Viaje Hacia el Conocimiento Interior.

En medio del vertiginoso ajetreo de la vida moderna, rara vez nos detenemos para observarnos a nosotros mismos. Estamos constantemente ocupados con nuestras responsabilidades, metas y relaciones, y a menudo dejamos de lado uno de los actos más poderosos y transformadores de la humanidad: Este proceso de mirar hacia adentro y explorar nuestro mundo interior es un acto de profunda introspección que puede llevarnos a una mayor autoconciencia, autoaceptación y crecimiento personal.

El autorreflexión es una práctica que se remonta a tiempos antiguos. Filósofos, líderes espirituales y pensadores de todas las épocas han abrazado la importancia de mirar dentro de sí mismos para comprender mejor el mundo que los rodea. Desde Sócrates, quien proclamó que "una vida no examinada no vale la pena ser vivida", hasta el Dalai Lama, quien aboga por la meditación y la contemplación profunda, ha sido reconocida como una fuente inagotable de sabiduría y crecimiento personal.

El autorreflexión implica una pausa deliberada en nuestras vidas para cuestionar, explorar y comprender nuestros pensamientos, emociones, valores y experiencias. Es un acto de autodisciplina que requiere tiempo y paciencia. Sin embargo, los frutos de este proceso son invaluables.

En primer lugar, nos permite conocernos a nosotros mismos más profundamente. Nos brinda la oportunidad de identificar nuestros patrones de pensamiento, nuestras reacciones emocionales automáticas y nuestras creencias arraigadas. Al observar objetivamente nuestra propia psicología, podemos comenzar a tomar decisiones más conscientes y alineadas con nuestros valores y metas personales., también nos permite confrontar nuestras limitaciones y debilidades. A menudo, tendemos a negar o minimizar nuestros defectos, pero esta nos exige ser honestos con nosotros mismos. A través de esta honestidad, podemos trabajar en nuestras áreas de mejora y crecimiento personal.

Además, el autorreflexión puede ayudarnos a encontrar claridad en medio de la confusión. En momentos de incertidumbre o dificultad, mirar hacia adentro puede proporcionarnos perspectiva y dirección. Nos permite examinar nuestras preocupaciones desde un lugar más tranquilo y objetivo, lo que a menudo conduce a soluciones más efectivas.

El autorreflexión también tiene un impacto profundo en nuestras relaciones con los demás. Cuando nos conocemos a nosotros mismos, estamos mejor preparados para comprender y empatizar con los demás. Nos volvemos más conscientes de cómo nuestras acciones y palabras afectan a los demás, lo que nos permite construir relaciones más saludables y significativas.

En última instancia, es un viaje continuo. No hay un destino final en este viaje hacia el autoconocimiento, ya que siempre hay más profundidades por explorar y más aspectos de nosotros mismos para descubrir. Sin embargo, es un viaje que vale la pena emprender, ya que nos brinda la oportunidad de vivir una vida más auténtica y significativa.

Sal ya de tu zona de confort.

En un mundo que a menudo nos distrae con ruido y distracciones constantes, es un acto de resistencia, un recordatorio de nuestra humanidad y nuestra capacidad para crecer y evolucionar. Es un acto de amor propio y auto aceptación que nos permite abrazar nuestra totalidad, con todas nuestras virtudes y defectos. A medida que nos aventuramos en el viaje del autorreflexión, nos acercamos a la realización plena de nuestro potencial humano.

La honestidad. Es una virtud fundamental que ha sido valorada a lo largo de la historia de la humanidad. Es un principio ético que implica la sinceridad, la transparencia y la integridad en todas nuestras acciones y palabras. La honestidad no es simplemente decir la verdad, sino vivir de acuerdo con la verdad en todas las áreas de nuestra vida.

La honestidad es un pilar en la construcción de relaciones sólidas y duraderas. Cuando somos honestos con los demás, creamos un ambiente de confianza mutua. Esta confianza es esencial en nuestras interacciones sociales y profesionales, ya que nos permite colaborar de manera efectiva y resolver conflictos de manera justa. Cuando las personas confían en que somos honestos, están más dispuestas a compartir sus pensamientos, sentimientos y preocupaciones, lo que facilita la comunicación abierta y constructiva.

La honestidad también es un reflejo de nuestra autoestima y autovaloración. Cuando somos honestos con nosotros mismos, reconocemos nuestras debilidades y limitaciones, pero también nuestras fortalezas y virtudes. Aceptar quiénes somos y qué hacemos bien o mal nos permite crecer como individuos y superar obstáculos en nuestra búsqueda de la autenticidad y el desarrollo personal.

La honestidad no solo implica ser sincero con los demás, sino también consigo mismo. A menudo, las personas tienden a engañarse a sí mismas para evitar enfrentar la realidad o para mantener una imagen idealizada de sí mismas. Sin embargo, esta autoilusión puede llevar a decisiones erróneas y a una falta de autenticidad. La honestidad consigo mismo implica reconocer nuestras debilidades, errores y áreas de mejora, lo que nos permite crecer y mejorar como seres humanos.

La honestidad también está relacionada con la responsabilidad. Cuando cometemos un error o hacemos algo incorrecto, la honestidad nos lleva a asumir la responsabilidad de nuestras acciones. En lugar de buscar excusas o culpar a otros, admitimos nuestras faltas y trabajamos para enmendarlas. Esta actitud es fundamental para el crecimiento personal y la construcción de relaciones sólidas.

La falta de honestidad, por otro lado, puede tener consecuencias devastadoras. La mentira, el engaño y la falta de transparencia pueden destruir la confianza en las relaciones personales y profesionales. Cuando la deshonestidad se convierte en la norma, la sociedad y las organizaciones pueden verse socavadas por la corrupción y la falta de ética.

La honestidad es una cualidad esencial que guía nuestras acciones y decisiones en la vida. Es la base de la confianza, la autoestima, la responsabilidad y la autenticidad. Vivir de manera honesta con nosotros mismos y con los demás es un camino hacia una vida significativa y plena. La honestidad es una brújula

Sal ya de tu zona de confort.

moral que nos orienta en la búsqueda de la verdad y la integridad, y es un valor que deberíamos cultivar y defender en todas las facetas de nuestras vidas.

Vibrar con tu ser. Es un concepto profundo que abarca la esencia misma de nuestra existencia. En el corazón de esta noción se encuentra la idea de estar en sintonía con uno mismo, de conectarse con la energía interior que impulsa nuestras acciones, pensamientos y emociones. Es una invitación a explorar y abrazar la autenticidad de quien somos, más allá de las máscaras que a menudo usamos en la sociedad.

En un mundo lleno de distracciones y expectativas externas, a menudo perdemos de vista nuestra propia vibración interna. Nos preocupamos por complacer a los demás, por encajar en moldes preestablecidos y por seguir un camino que otros han trazado para nosotros. Sin embargo, cuando nos detenemos y sintonizamos con nuestro ser interior, descubrimos un universo único y fascinante que aguarda ser explorado. Vibrar con tu ser significa escuchar la voz interior que a veces se silencia en medio del ruido exterior. Requiere tiempo y espacio para la reflexión, para conectarse con nuestras emociones, deseos y necesidades más profundas. Implica la autoconciencia, la capacidad de reconocer nuestras limitaciones y fortalezas, así como la valentía de abrazar nuestras imperfecciones.

Esta vibración interna también se relaciona con la pasión y la autenticidad en nuestras acciones. Cuando hacemos lo que realmente nos apasiona, cuando perseguimos nuestros sueños y metas con sinceridad, nuestra energía fluye de una manera completamente distinta. En lugar de sentirnos agotados o desmotivados, encontramos un impulso interno que nos impulsa hacia adelante. Nos volvemos más resilientes ante los desafíos y más creativos en la resolución de problemas.

La vibración con tu ser no solo se limita al ámbito individual. Cuando varias personas vibran con su ser y se conectan desde un lugar auténtico, se crea una sinergia poderosa. Las relaciones humanas se vuelven más significativas y profundas cuando todos los involucrados pueden ser ellos mismos sin miedo al juicio o la crítica. La empatía fluye naturalmente cuando nos permitimos ser vulnerables y auténticos en nuestras interacciones con los demás.

Sin embargo, llegar a este estado de vibración interna no es un proceso lineal ni sencillo. Requiere trabajo constante y autoexploración. A veces, enfrentamos resistencias internas y miedos que nos impiden conectarnos plenamente con nuestro ser. Pero el viaje hacia la autenticidad y la vibración con tu ser es un viaje que vale la pena.

En última instancia, vibrar con tu ser es una búsqueda espiritual y existencial. Es un recordatorio de que todos somos seres únicos con un propósito y una contribución valiosa que ofrecer al mundo. Al abrazar nuestra verdadera esencia, encontramos un sentido más profundo de satisfacción y significado en la vida. Nos convertimos en la mejor versión de nosotros mismos, y esa autenticidad irradia hacia el mundo, inspirando a otros a hacer lo mismo.

Autenticidad. Es uno de los logros más profundos y valiosos que una persona puede alcanzar en la vida.

Sal ya de tu zona de confort.

La autenticidad va más allá de simplemente ser uno mismo; implica vivir en congruencia con nuestros valores, creencias y emociones más genuinas. Es un acto de valentía y honestidad hacia uno mismo y hacia los demás, y es esencial para una vida plena y significativa.

La autenticidad comienza con el autoconocimiento. Para ser auténtico, debemos tomarnos el tiempo para explorar quiénes somos realmente. Esto significa cuestionar nuestras creencias, deseos y aspiraciones. Requiere un profundo viaje interior para descubrir nuestras pasiones, miedos y motivaciones más profundas. No siempre es un proceso cómodo, ya que a menudo nos enfrentamos a aspectos de nosotros mismos que preferiríamos ignorar o negar. Sin embargo, solo al mirar de manera honesta nuestro ser interior podemos comenzar a vivir auténticamente. Una vez que nos conocemos a nosotros mismos, la autenticidad implica vivir de acuerdo con lo que hemos descubierto. Esto significa actuar de manera coherente con nuestros valores y creencias, incluso cuando esto signifique nadar contra la corriente de las expectativas sociales o enfrentar desafíos. Es tomar decisiones que reflejen quiénes somos en lugar de tratar de encajar en moldes preestablecidos.

La autenticidad también se relaciona con la vulnerabilidad. Ser auténtico implica mostrar nuestras emociones y permitirnos ser vistos tal como somos, con todas nuestras imperfecciones. Esto puede ser aterrador, ya que a menudo tememos el rechazo o el juicio de los demás. Sin embargo, la vulnerabilidad es un acto de coraje que nos conecta profundamente con los demás. Cuando somos auténticos, invitamos a otros a hacer lo mismo, y las relaciones se vuelven más genuinas y significativas.

La autenticidad también implica la responsabilidad personal. Significa asumir la responsabilidad de nuestras acciones, palabras y elecciones. Cuando cometemos errores o herimos a otros, en lugar de negar o culpar, reconocemos nuestras faltas y trabajamos para enmendarlas. Esto no solo muestra nuestra integridad, sino que también fortalece nuestras relaciones y construye la confianza.

Ser auténtico también es un proceso en constante evolución. A medida que crecemos y cambiamos, nuestra autenticidad puede manifestarse de nuevas formas. Es importante estar dispuestos a adaptarnos y crecer, en lugar de quedarnos estancados en viejas identidades o formas de ser que ya no nos sirven. Finalmente, la autenticidad es un camino hacia una vida más significativa y satisfactoria. Nos permite vivir una vida que es verdaderamente nuestra, en lugar de una que está dictada por las expectativas externas. Nos brinda la libertad de ser quienes realmente somos, con todas nuestras luces y sombras. Ser auténtico es un regalo que nos damos a nosotros mismos y a los demás, y es una búsqueda que vale la pena emprender.

La felicidad. Es un estado de ánimo que todos anhelamos experimentar en la vida. Es un concepto profundamente arraigado en la naturaleza humana y ha sido objeto de reflexión y búsqueda a lo largo de la historia. Pero, ¿qué es realmente la felicidad y cómo se puede entender de manera más profunda? En su esencia, la felicidad es un estado emocional caracterizado por sentimientos de alegría, satisfacción y bienestar. Sin embargo, es importante destacar que la felicidad no es una constante, ni es algo que pueda mantenerse de forma permanente. Es una emoción efímera y cambia con el tiempo y las circunstancias de la vida.

La búsqueda de la felicidad ha sido un objetivo central para muchas personas, y a lo largo de la historia, se han propuesto diversas teorías y enfoques para alcanzarla. Algunos creen que la felicidad está relacionada con la satisfacción de deseos y metas personales, mientras que otros sugieren que está vinculada a relaciones cercanas y conexiones significativas. También hay quienes la ven como una consecuencia de la autenticidad y la aceptación de uno mismo.

La búsqueda de la felicidad, es fundamental comprender que no existe una receta única que funcione para todos. Lo que hace feliz a una persona puede no serlo para otra. Además, la felicidad no está necesariamente ligada a la acumulación de riqueza material o logros externos. De hecho, la búsqueda obsesiva de estos objetivos a menudo puede llevar a la insatisfacción y la infelicidad.
La felicidad está intrínsecamente relacionada con la perspectiva y la actitud que tenemos hacia la vida. Muchas veces, la felicidad se encuentra en la apreciación de las pequeñas cosas: un atardecer, una conversación significativa, un gesto amable o

Sal ya de tu zona de confort.

simplemente estar presente en el momento. La práctica de la gratitud puede ser una herramienta poderosa para cultivar la felicidad, ya que nos ayuda a enfocarnos en lo positivo en lugar de lo negativo en nuestras vidas.

La relación entre la felicidad y la calidad de nuestras relaciones personales es otro aspecto importante. Las conexiones humanas significativas, el apoyo social y la empatía contribuyen en gran medida a nuestro bienestar emocional. Las personas que mantienen relaciones saludables y satisfactorias tienden a ser más felices en general.

Además, la autenticidad desempeña un papel crucial en la búsqueda de la felicidad. Ser fiel a uno mismo, aceptar nuestras imperfecciones y vivir de acuerdo con nuestros valores y principios puede generar una sensación profunda de satisfacción y alegría. La autoaceptación y el amor propio son pilares fundamentales de la felicidad duradera.

En suma, la felicidad es un viaje personal y único para cada individuo. No se trata de alcanzar un estado permanente de euforia, sino de aprender a encontrar la belleza y la alegría en cada momento, incluso en medio de los desafíos y las dificultades de la vida. La búsqueda de la felicidad es un camino de autodescubrimiento y crecimiento personal, y aunque puede ser esquivo en ocasiones, el viaje en sí mismo es una parte valiosa de la experiencia humana.

Sal ya de tu zona de confort.

Energía. Es una fuerza misteriosa pero poderosa que permea nuestras vidas y tiene un impacto profundo en nuestra experiencia diaria. Aunque no es tangible ni cuantificable de manera científica, todos podemos sentir su influencia en nuestras emociones, relaciones y bienestar general. Explorar el concepto de energía positiva nos invita a sumergirnos en el mundo de las emociones, la psicología y la conexión humana. En su esencia, la energía positiva se refiere a un estado mental y emocional que irradia optimismo, gratitud, esperanza y amor. Es una sensación de bienestar que fluye desde el interior y se proyecta hacia el mundo exterior. Cuando alguien está imbuido de energía positiva, su presencia se siente cálida y acogedora, y su influencia puede elevar el ánimo de quienes lo rodean.

Una de las características más notables de la energía positiva es su capacidad para ser contagiosa. Cuando interactuamos con personas que emanan energía positiva, es más probable que nos sintamos inspirados y elevados en nuestra propia percepción del mundo. Es como si la positividad se propagara como un contagio emocional, afectando a quienes nos rodean de manera beneficiosa.

La energía positiva está estrechamente relacionada con la gratitud y la apreciación de la vida. Aquellos que cultivan una actitud agradecida tienden a generar más energía positiva en sus vidas, ya que se centran en lo que tienen en lugar de lo que les falta. Esta perspectiva puede llevar a un ciclo virtuoso en el que la gratitud genera más razones para estar agradecido. Además, la energía positiva se conecta con la resiliencia emocional. Las personas que pueden mantener un enfoque positivo en medio de desafíos y dificultades tienen una mayor capacidad para superar obstáculos y recuperarse de adversidades. Ven los problemas como oportunidades de crecimiento y aprendizaje en lugar de como barreras insuperables. La práctica de la atención plena y la meditación también puede aumentar la energía positiva. Al cultivar la conciencia plena, las personas pueden aprender a vivir más en el presente, liberándose de la carga de preocupaciones pasadas o futuras. Esto puede dar lugar a una sensación de ligereza y alegría en la vida cotidiana.

La calidad de nuestras relaciones personales también está influenciada por la energía positiva. Cuando interactuamos con los demás desde un lugar de amor, empatía y comprensión, nuestras relaciones tienden a ser más saludables y satisfactorias. La energía positiva fomenta la conexión humana y fortalece los lazos entre amigos, familiares y compañeros.

Es importante reconocer que la energía positiva no implica ignorar los aspectos desafiantes de la vida. Es perfectamente normal experimentar momentos de tristeza, enojo o frustración. Sin embargo, la clave está en la gestión de estas emociones y en no permitir que dominen nuestra vida cotidiana.

En esencia, la energía positiva es una fuerza interior que puede transformar nuestra experiencia en el mundo. Nos permite enfrentar los desafíos con resiliencia, nutrir relaciones significativas y encontrar alegría en los momentos simples de la vida. Cultivar la energía positiva es un viaje personal que involucra la autenticidad, la gratitud y la conexión con los demás. Al abrazar esta energía y compartirla con el mundo, contribuimos a crear un ambiente más armonioso y

Sal ya de tu zona de confort.

lleno de significado para nosotros y para quienes nos rodean.

La excelencia. Es un criterio profundamente arraigado en la búsqueda de la perfección y la mejora continua. Va más allá de la mera competencia o la habilidad, representando un compromiso con la calidad excepcional y un estándar de logro que supera las expectativas convencionales. La excelencia es un viaje, un compromiso constante con el crecimiento y la superación personal en todas las áreas de la vida.

En el corazón de la excelencia se encuentra una mentalidad que abraza la búsqueda incansable de la mejora. No se trata de alcanzar un punto de perfección estática, sino de aspirar constantemente a ser mejor en lo que hacemos. Este enfoque requiere autodisciplina, autoevaluación y una mentalidad de aprendizaje continuo.

La excelencia no es el resultado de un solo acto sobresaliente, sino de una serie de elecciones y acciones consistentes a lo largo del tiempo. Implica dedicación y esfuerzo sostenido para pulir habilidades, adquirir conocimiento y perfeccionar el arte de la maestría. Es un compromiso con el proceso, incluso cuando los resultados no son inmediatamente evidentes.

La excelencia también está profundamente vinculada a la pasión. Aquellos que buscan la excelencia en su trabajo, en sus relaciones y en su vida en general, suelen estar impulsados por una profunda pasión por lo que hacen. Esta pasión actúa como un motor interno que impulsa el esfuerzo y la dedicación necesarios para alcanzar la excelencia.

Sal ya de tu zona de confort.

La excelencia es una cualidad que se extiende más allá de la esfera profesional. También se manifiesta en la vida cotidiana y en las relaciones personales. La excelencia en las relaciones implica una comunicación efectiva, empatía y un compromiso constante con la mejora en la forma en que interactuamos con los demás. Se trata de tratar a los demás con respeto y consideración, y de esforzarse por crear un entorno en el que todos puedan prosperar.

La excelencia no es un objetivo en sí mismo, sino una forma de vida. A medida que buscamos la excelencia en todas las áreas de nuestras vidas, nos convertimos en mejores versiones de nosotros mismos. La excelencia nos impulsa a superar obstáculos, a enfrentar desafíos con valentía y a abrazar la incertidumbre como una oportunidad para crecer. Sin embargo, es importante recordar que la excelencia no debe confundirse con la búsqueda obsesiva de la perfección. La perfección es un estándar irrealizable, mientras que la excelencia se centra en el progreso constante y en ser lo mejor que podemos ser en un momento dado. Permite la posibilidad de cometer errores y aprender de ellos, lo que a menudo es una parte fundamental del camino hacia la excelencia. En suma, la excelencia es un viaje personal que implica un compromiso con la mejora continua en todas las áreas de la vida. Es un estándar de calidad y logro que nos motiva a superarnos a nosotros mismos y a dejar una huella positiva en el mundo. La búsqueda de la excelencia no tiene fin y, a menudo, es en ese viaje donde encontramos significado y propósito en nuestras vidas. La excelencia es un recordatorio constante de que el potencial humano es ilimitado y que siempre hay espacio para crecer y mejorar.

CAPITULO 13

DESPIERTA TU GIGANTE DORMIDO

La creatividad es el puente que une el mundo de las ideas con la realidad, permitiéndonos transformar sueños en logros."

Sal ya de tu zona de confort.

En el recorrido de la vida, cada individuo carga consigo un potencial latente que, en ocasiones, permanece oculto y dormido. Este potencial, a menudo comparado con un gigante, representa la fuerza interior, la pasión, la creatividad y la determinación que reside en cada uno de nosotros. "Despierta tu gigante dormido" es un llamado a la acción para explorar y liberar este potencial en busca de la realización personal y la plenitud interior.

A lo largo de nuestras vidas, diversas circunstancias y factores pueden contribuir a mantener a nuestro gigante interior en un estado de letargo. Las expectativas sociales, el miedo al fracaso, la falta de autoestima y la rutina diaria pueden actuar como cadenas que nos mantienen atados a una versión limitada de nosotros mismos. Sin embargo, el proceso de despertar a nuestro gigante dormido comienza con el reconocimiento de su existencia y la decisión consciente de liberarlo.

Uno de los primeros pasos en este viaje de autodescubrimiento es la autoconciencia. Comprender quiénes somos realmente, cuáles son nuestras fortalezas y debilidades, y cuáles son nuestros deseos y pasiones más profundos, es esencial para iniciar el proceso de despertar nuestro gigante. La reflexión profunda, la meditación y el autorreflexión pueden ayudarnos a conectarnos con nuestra verdadera esencia.

El siguiente paso implica la superación de los miedos y las dudas que nos impiden avanzar. El gigante interior puede ser intimidante en su magnitud, y enfrentar nuestros temores puede parecer una tarea abrumadora. Sin embargo, al reconocer que el crecimiento personal implica desafíos y dificultades, podemos prepararnos mental y emocionalmente para superarlos.

La educación y el aprendizaje continuo también son fundamentales en este viaje. El conocimiento es poder, y cada vez que aprendemos algo nuevo, nuestro gigante se fortalece. Ya sea a través de la lectura, la exploración de nuevas habilidades o la interacción con personas que nos inspiren, el proceso de aprendizaje constante nos acerca a nuestro potencial pleno. La autodisciplina y la determinación son pilares cruciales en el despertar de nuestro gigante dormido. El camino hacia la autorrealización está lleno de obstáculos y distracciones, pero mantener un enfoque constante en nuestros objetivos y perseverar a pesar de los contratiempos nos acercará cada vez más a nuestro gigante interior.

La empatía y la conexión con los demás también desempeñan un papel fundamental en este proceso. A medida que despertamos nuestro gigante interior, no debemos olvidar la importancia de nuestras relaciones con los demás. La generosidad, la compasión y la capacidad de conectarnos con los demás enriquecen nuestras vidas y nos ayudan a mantener un equilibrio saludable entre el crecimiento personal y la contribución a la comunidad.

En esencia. "Despierta tu gigante dormido" es un llamado a vivir una vida significativa y plena. No se trata solo de alcanzar metas personales, sino de abrazar la autenticidad y compartir nuestro potencial con el mundo. A medida que nos esforzamos por despertar nuestro gigante interior, no solo mejoramos nuestras

Sal ya de tu zona de confort.

vidas, sino que también inspiramos a los demás a hacer lo mismo, creando así un impacto positivo en nuestra comunidad y en el mundo en su conjunto. Este viaje de autodescubrimiento y autorrealización es un proceso continuo que nos desafía y enriquece, y nos recuerda que cada uno de nosotros tiene un gigante dormido dentro que merece ser despertado y liberado para lograr la plenitud interior.

Ruge como un león. El Poder de la Fortaleza Interior"

En la naturaleza, el rugido de un león es un sonido que trasciende el espacio y el tiempo. Es un rugido que evoca una sensación de poderío, dominio y autoridad. Pero más allá de la jungla africana, este rugido tiene un simbolismo profundo que se refleja en la experiencia humana. "Ruge como un león" es una expresión que nos invita a conectarnos con nuestra propia fuerza interior, a abrazar nuestras pasiones y a reclamar nuestra autoridad sobre nuestras vidas.

La fortaleza interior es una cualidad que reside en cada uno de nosotros, aunque a menudo permanezca oculta bajo las capas de dudas, miedos y expectativas externas. Rugir como un león implica despertar esta fortaleza, liberarla y permitir que se manifieste en todas las áreas de nuestras vidas. Pero, ¿cómo podemos alcanzar este estado de empoderamiento y autenticidad?

El primer paso en este viaje es el autoconocimiento. Antes de poder rugir con confianza, debemos entender quiénes somos realmente. Esto implica reflexionar sobre nuestras experiencias, valores y creencias, así como reconocer nuestras virtudes y debilidades. Al comprender nuestra identidad y nuestras motivaciones, comenzamos a construir una base sólida desde la cual rugir con autenticidad.

La autoconfianza es otro elemento clave en este proceso. Para rugir como un león, debemos creer en nuestras propias capacidades y valía. La autoconfianza no surge de la noche a la mañana; requiere un esfuerzo constante y una voluntad de desafiar y superar nuestros miedos. A medida que ganamos confianza en nosotros mismos, encontramos la voz interior que nos permite expresar nuestras necesidades y deseos de manera clara y asertiva. El siguiente paso implica el coraje. Rugir como un león implica enfrentar desafíos y superar obstáculos con determinación. Esto puede significar tomar decisiones difíciles, asumir responsabilidades o enfrentar situaciones incómodas. **El coraje no es la ausencia de miedo, sino la voluntad de actuar a pesar de él.** Cuando abrazamos el coraje, nos damos cuenta de que somos capaces de enfrentar cualquier adversidad que se presente en nuestro camino.

La perseverancia es igualmente esencial. La vida está llena de altibajos, y para rugir como un león, debemos ser resistentes ante las dificultades. La capacidad de mantenernos enfocados en nuestros objetivos y seguir adelante a pesar de los obstáculos nos lleva hacia la realización de nuestros sueños y metas.

La empatía y la compasión también desempeñan un papel importante en el rugido de un león. No se trata solo de empoderarnos a nosotros mismos, sino de usar nuestro poder para impactar positivamente en el mundo que nos rodea. La comprensión y el apoyo a los demás fortalecen nuestra conexión con la humanidad y nos permiten ejercer nuestro poder de una manera que

Sal ya de tu zona de confort.

fomente la colaboración y el bienestar común. Finalmente, rugir como un león es un acto de afirmación personal. Es un recordatorio de que cada uno de nosotros tiene la capacidad de influir en nuestro destino y en el mundo que nos rodea. Es un llamado a la acción, a vivir con pasión, autenticidad y determinación. Al rugir como un león, nos convertimos en los protagonistas de nuestras propias vidas, en líderes de nuestro propio camino y en inspiración para los demás.

Ruge como un león, es una invitación a explorar y liberar nuestra fortaleza interior, a abrazar nuestras pasiones y a reclamar nuestra autoridad sobre nuestras vidas. Es un recordatorio de que somos capaces de enfrentar cualquier desafío, de perseguir nuestros sueños y de hacer una diferencia en el mundo. Al abrazar esta metáfora poderosa, nos embarcamos en un viaje de autodescubrimiento y empoderamiento que nos permite vivir con plenitud y autenticidad.

Mentalidad de láser. es una metáfora que se utiliza para describir una forma de pensar y enfocarse con una precisión y determinación excepcionales. Se trata de dirigir toda tu energía y atención hacia un objetivo específico, como un rayo láser que concentra la luz en un solo punto para lograr un efecto poderoso y transformador. Esta mentalidad es esencial en la búsqueda del éxito, el crecimiento personal y la consecución de metas significativas.

Cuando alguien adopta una mentalidad de láser, se compromete completamente con su objetivo. No se distrae fácilmente ni se desanima ante los obstáculos en el camino. En lugar de dispersar su energía en muchas direcciones diferentes, se enfoca en una sola cosa y trabaja incansablemente para lograrla. Esta concentración intensa y enfoque láser pueden marcar una diferencia significativa en la consecución de objetivos a largo plazo.

Una de las características más notables de la mentalidad de láser es la disciplina. Para mantenerse enfocado en un objetivo, uno debe ser disciplinado y estar dispuesto a tomar decisiones difíciles. Esto puede incluir renunciar a las distracciones, establecer prioridades claras y mantener un compromiso constante. La disciplina es la fuerza impulsora detrás de la mentalidad de láser y es fundamental para superar los desafíos y las tentaciones que surgen en el camino.

La perseverancia es otro aspecto fundamental de la mentalidad de láser. A menudo, los objetivos significativos requieren tiempo y esfuerzo sostenido para lograrse. Aquellos que poseen una mentalidad de láser están dispuestos a seguir adelante incluso cuando las cosas se vuelven difíciles o cuando enfrentan fracasos temporales. Ven los obstáculos como oportunidades de aprendizaje y están dispuestos a adaptarse y seguir avanzando.

La mentalidad de láser también está fuertemente relacionada con la pasión y la motivación intrínseca. Cuando alguien se enfoca en un objetivo que realmente le apasiona, es más probable que mantenga la dedicación y la energía necesarias para tener éxito. La pasión actúa como un combustible que impulsa el enfoque láser y ayuda a superar los momentos de duda o desánimo.

Sal ya de tu zona de confort.

Además, la mentalidad de láser no se limita solo a los objetivos profesionales o académicos. También puede aplicarse a áreas como las relaciones personales y el crecimiento personal. Por ejemplo, al establecer objetivos específicos para mejorar una habilidad o fortalecer una relación, la mentalidad de láser puede ayudar a mantener el compromiso y la dedicación necesarios para lograr un cambio significativo.

En suma, la mentalidad de láser es una forma de pensar y enfocarse que se caracteriza por su precisión, determinación, disciplina y perseverancia. Es la capacidad de concentrar toda tu energía y atención en un objetivo específico, como un rayo láser que puede tener un impacto poderoso y transformador. Al adoptar esta mentalidad, puedes aumentar significativamente tus posibilidades de éxito en cualquier área de tu vida al mantener un enfoque implacable en tus metas y trabajar de manera constante hacia ellas.

El carácter y el liderazgo.

Son dos cualidades fundamentales que influyen en la vida de las personas y en el éxito de las organizaciones. Estas cualidades están intrínsecamente relacionadas, ya que un líder efectivo generalmente posee un carácter sólido y un carácter fuerte a menudo es un requisito previo para el liderazgo efectivo. En este escrito, exploraremos la importancia del carácter y el liderazgo, así como su interconexión.

El carácter se refiere a la suma de rasgos morales y éticos que definen a una persona. Incluye valores como la integridad, la honestidad, la empatía, la responsabilidad y el respeto hacia los demás. Un individuo con un carácter sólido actúa de manera coherente con estos valores, incluso en situaciones difíciles o tentadoras. El carácter también implica autoconciencia, la capacidad de reconocer y mejorar áreas de debilidad personal.

El liderazgo, por otro lado, es la capacidad de guiar, inspirar y dirigir a otros hacia un objetivo común. Un líder efectivo tiene la habilidad de influir positivamente en las personas a su cargo, motivándolas para alcanzar metas y objetivos. El liderazgo no se basa solo en la autoridad o el poder, sino en la capacidad de servir a otros y proporcionar dirección.

El carácter y el liderazgo están entrelazados en varios aspectos. Primero, el carácter sólido es esencial para construir la confianza de los demás. Los líderes deben ser confiables y predecibles en sus acciones y decisiones. Cuando las personas confían en el carácter de un líder, están más dispuestas a seguir su liderazgo. Además, el carácter también es fundamental para la toma de decisiones éticas y morales. Los líderes a menudo se enfrentan a dilemas éticos en sus roles, y un carácter sólido les proporciona una brújula moral para tomar decisiones justas y adecuadas.

Por otro lado, el liderazgo también puede influir en el desarrollo del carácter. Los líderes efectivos actúan como modelos a seguir y establecen estándares de comportamiento para quienes los rodean. Inspirar a otros a través de su liderazgo puede fomentar el desarrollo del carácter en quienes siguen su ejemplo.

El carácter y el liderazgo son esenciales tanto en la vida personal como en la profesional. En el ámbito personal, un carácter sólido proporciona estabilidad emocional y relaciones interpersonales saludables. En el mundo laboral, el liderazgo efectivo es crucial para el éxito de las organizaciones, ya que un buen líder puede motivar

Sal ya de tu zona de confort.

a los empleados, fomentar la innovación y crear un ambiente de trabajo positivo.

En conclusión, el carácter y el liderazgo son dos cualidades interdependientes que desempeñan un papel fundamental en el desarrollo personal y profesional. Un individuo con un carácter sólido tiene una base sólida para convertirse en un líder efectivo, mientras que un líder efectivo con un carácter fuerte inspira confianza y promueve un entorno positivo y ético. Ambas cualidades son esenciales para alcanzar el éxito en la vida y en el liderazgo.

Pensar en grande. Es un consejo atemporal que ha inspirado a personas a lo largo de la historia a alcanzar logros notables en diversos campos. Este enfoque implica más que simplemente establecer objetivos ambiciosos; es una filosofía de vida que promueve la expansión de límites, la superación de obstáculos y la búsqueda constante de la excelencia. Vamos a explorar la importancia de pensar en grande y cómo este enfoque puede impactar positivamente en nuestras vidas.

Pensar en grande implica tener una visión audaz y ambiciosa de lo que es posible. Significa desafiar las limitaciones autoimpuestas y rechazar la complacencia. Cuando pensamos en grande, no nos conformamos con lo convencional ni nos detenemos ante los obstáculos iniciales. En cambio, adoptamos una mentalidad expansiva que nos impulsa a explorar nuevos horizontes y a perseguir metas aparentemente inalcanzables.

Una de las principales ventajas de pensar en grande es que nos empodera para superar el miedo al fracaso. En lugar de temer a los errores o reveses, los vemos como oportunidades de aprendizaje y crecimiento. Cuando pensamos en grande, estamos dispuestos a asumir riesgos calculados porque comprendemos que las recompensas pueden ser enormes.

Además, pensar en grande también inspira a los demás. Cuando compartimos nuestras ambiciones audaces y trabajamos diligentemente para hacerlas realidad, servimos como ejemplo para quienes nos rodean. Nuestra pasión y determinación pueden motivar a otros a perseguir sus propios sueños y a creer en sus capacidades.

Pensar en grande no se trata solo de metas personales; también tiene un impacto en el mundo que nos rodea. Los visionarios que han pensado en grande a lo largo de la historia han contribuido significativamente al progreso humano. Inventores como Thomas Edison y Steve Jobs, líderes como Mahatma Gandhi y Nelson Mandela, y científicos como Marie Curie y Albert Einstein son ejemplos de individuos que transformaron el mundo al atreverse a soñar en grande.

El pensamiento en grande no está limitado a un ámbito específico de la vida. Puede aplicarse a cualquier aspecto, ya sea profesional, personal, académico o creativo. Ya sea que busques iniciar un negocio, cambiar de carrera, liderar un movimiento social o crear una obra de arte revolucionaria, pensar en grande te brinda la energía y la motivación necesarias para enfrentar desafíos y superar obstáculos.

Pensar en grande es una filosofía de vida que nos impulsa a perseguir metas audaces y a desafiar los límites de lo posible. Al adoptar esta mentalidad, superamos el miedo al fracaso, inspiramos a otros y contribuimos al progreso humano. No se trata solo de

Sal ya de tu zona de confort.

establecer objetivos ambiciosos, sino de comprometernos con un camino de crecimiento constante y de nunca dejar de explorar las posibilidades que nos ofrece el mundo.

tu camino está esperando a ser descubierto, no creado por otros".
A medida que llegamos al final de esta obra, nos damos cuenta de que estas páginas son un punto de partida, no un destino final. El verdadero desafío comienza cuando cerramos el libro y nos aventuramos en el mundo real. Ahí es donde aplicamos las lecciones aprendidas y nos esforzamos por vivir una vida que esté más allá de nuestra zona de confort.
Las últimas palabras de este libro nos recuerdan que el crecimiento continuo es un viaje interminable. Nos invitan a abrazar la incertidumbre, a abrazar el cambio y a abrazar la vida en toda su complejidad. "Sal ya de Tu Zona de Confort" nos ha recordado que la vida es una aventura, y cada día es una oportunidad para explorar, aprender y crecer.

Sal ya de tu zona de confort.

Entonces, al cerrar este libro, llevamos con nosotros una nueva perspectiva, un espíritu valiente y la determinación de seguir buscando lo que está más allá. Sabemos que el camino será desafiante, pero también sabemos que es el camino que nos llevará a una vida plena y significativa. Así que, con gratitud en el corazón y un sentido renovado de propósito, damos el paso hacia adelante, listos para enfrentar lo desconocido y abrazar el viaje que es la vida misma.

Sal ya de tu zona de confort.